Couverture inférieure manquante

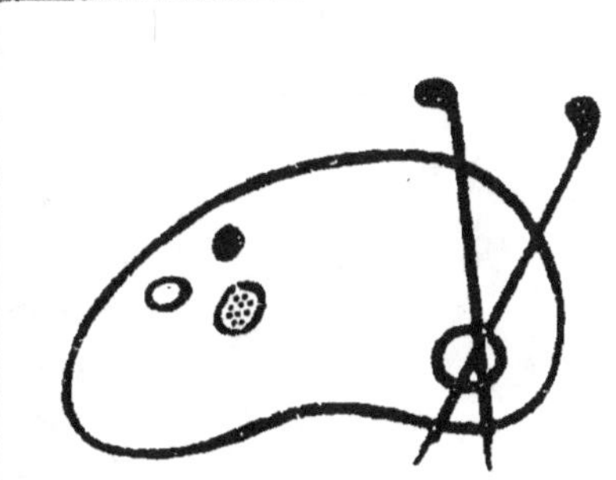

Début d'une série de documents
en couleur

ATTI DEL CONGRESSO INTERNAZIONALE DI SCIENZE STORICHE
(ROMA, 1903).
Estratto dal vol. IV. — Sezione Storia delle Letterature.

DE L'EXPANSION

DE LA

LANGUE FRANÇAISE

EN ITALIE

PENDANT LE MOYEN-AGE

PAR

PAUL MEYER

MEMBRE DE L'INSTITUT,
ASSOCIÉ DES ACADÉMIES DES SCIENCES DE TURIN,
DES LINCEI, DE LA CRUSCA, ETC.

ROMA
TIPOGRAFIA DELLA R. ACCADEMIA DEI LINCEI
PROPRIETÀ DEL CAV. V. SALVIUCCI
—
1904

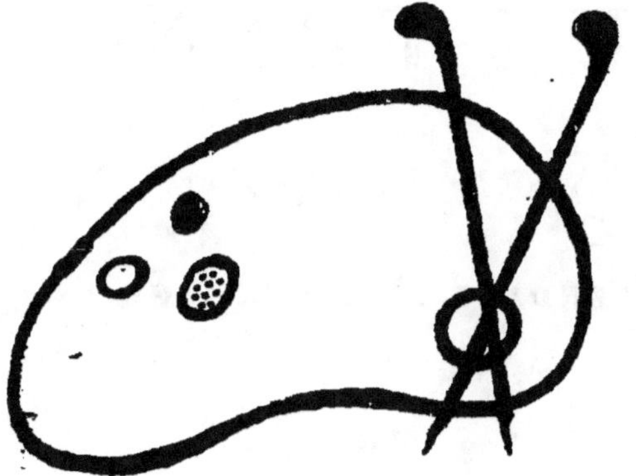

Fin d'une série de documents
en couleur

DE L'EXPANSION

DE LA

LANGUE FRANÇAISE

EN ITALIE

PENDANT LE MOYEN-AGE

PAR

PAUL MEYER

MEMBRE DE L'INSTITUT,
ASSOCIÉ DES ACADÉMIES DES SCIENCES DE TURIN,
DES LINCEI, DE LA CRUSCA, ETC.

ROMA
TIPOGRAFIA DELLA R. ACCADEMIA DEI LINCEI
PROPRIETÀ DEL CAV. V. SALVIUCCI

1904

Estratto dagli *Atti del Congresso internazionale di scienze storiche*
(Roma, 1903).

Volume IV. — Sezione Storia delle Letterature.

1. Les langues européennes qui ont actuellement le caractère national furent anciennement des idiomes locaux, parlés, à l'origine, sur un territoire peu étendu, qui, grâce à des circonstances diverses, gagnèrent du terrain, parvenant peu à peu à se substituer dans l'usage littéraire et dans l'emploi officiel, sinon dans la conversation, à d'autres idiomes moins favorisés des circonstances. L'espagnol n'est autre chose que le castillan devenu la langue officielle de l'Espagne entière; l'italien est, à proprement parler, le toscan; le français est la langue du pays aux limites flottantes qu'on appelait France au XIIe siècle, et qui s'étendait vers le nord jusqu'au Beauvaisis, vers l'ouest jusqu'à la Normandie, vers le sud-ouest et le sud jusqu'à la Touraine et à l'Orléanais, vers l'est jusqu'à la Champagne. L'emploi du mot « français », comme désignation d'une certaine variété du langage roman, n'est cependant pas, même au XIIe siècle, strictement confiné à ces limites: la langue de Chrétien de Troies est distinctement qualifiée de française, et il ne semble pas que *champenois* ait jamais été appliqué à l'idiome qu'on parlait en Champagne. Peu à peu, par l'effet d'influences littéraires, aidées de l'effort administratif, le français se répandit au delà de ses limites naturelles, et, à la fin du XVe siècle, il était devenu la langue commune, dans les choses de la littérature et du gouvernement, de toutes les provinces soumises à l'autorité du roi de France. Au XIIIe siècle il se répandait dans le nord de l'Italie, en un temps où son action commençait à peine à se manifester en Bourgogne, c'est à dire en un pays qui séparait précisément l'Italie septentrionale de la région proprement française. La langue de Chrétien de Troies et de Villehardouin avait franchi d'un bond une large zone de terrain.

2. Avant d'étudier le développement du français en Italie, sujet du présent mémoire, il est à propos de distinguer les conditions dans

lesquelles un idiome peut se propager au détriment d'autres idiomes. Ces conditions peuvent se ramener à trois.

A. *Transport de populations.* C'est à la suite d'un transport de populations, d'une émigration, si l'on veut, que le breton s'est implanté, vers le milieu du V° siècle, dans l'extrémité occidentale de la Gaule. C'est par l'afflux des émigrants venus, non seulement de la Normandie, mais encore de diverses parties de la France, à partir de 1066, que le français a pris pied en Grande Bretagne au point d'y devenir, dès le XII° siècle, la langue de la littérature, la langue de la classe noble et même de la classe bourgeoise. Des émigrations encore ont transporté, à diverses époques du moyen-âge et des temps modernes, un dialecte allemand en certains districts du nord de l'Italie (les Sept communes et les Treize communes), le grec vulgaire et l'albanais dans le sud de l'Italie et en Sicile, et le catalan dans la Sardaigne occidentale. L'italien s'établit actuellement de la même manière en diverses parties de l'Amérique.

B. *Propagation par voie littéraire ou administrative.* C'est le mode le plus fréquent. L'usage littéraire précède ordinairement l'usage administratif. Le toscan a pris, dans la littérature de l'Italie, dès le XIV° siècle, une prépondérance marquée : il n'a été employé que bien plus tard dans les actes publics et privés, qu'on écrivait de préférence en latin ; c'est seulement au XVI° siècle que, sans entente préalable, par suite d'une sorte d'accord tacite, il a commencé d'être employé comme langue de gouvernement par tous les états de la Péninsule.

C. *Propagation par l'usage oral.* Ce mode de propagation, qui est ordinairement tardif, ne s'observe guère que pour les idiomes qui ont accompli, dans l'usage littéraire et administratif, d'importants progrès. Cependant on le constate parfois à l'occasion d'idiomes qui n'ont qu'une faible culture littéraire et qui n'ont jamais eu d'existence officielle. C'est notamment le cas du piémontais de Turin qui s'est étendu jusque dans certaines vallées alpines, se substituant plus ou moins aux patois locaux.

Il ne faut pas perdre de vue que, jusque dans le courant du XIX° siècle, la propagation des idiomes s'est opérée, si l'on peut ainsi parler, par voie naturelle, sans intervention d'ordre gouvernemental. Le français progressait en France et dans certains états voisins (Belgique, Suisse, Savoie, Piémont) par le simple développement de l'instruction, pénétrant peu à peu les diverses couches de la population. De même en Italie, et, en dehors des états italiens, au nord et à l'est de l'Adriatique : le toscan gagnait peu à peu non seulement sur les patois romans, mais même sur les idiomes slaves de l'Istrie et de la Dalmatie. La lutte des langues, qui fait rage en Belgique et sur la rive orientale de l'Adriatique, était inconnue. L'autorité administrative n'intervenait pas pour imposer une langue au détriment d'une autre. C'est seulement sous le second empire, aux environs de 1860, que l'on a commencé à considérer la langue comme étant le signe visible de la nationalité; c'est depuis cette époque que les gouvernements ont pris les mesures nécessaires pour faire prédominer une langue unique par tout le territoire sur lequel s'étendait leur autorité, en même temps que le service militaire et l'instruction primaire obligatoire répandaient dans toutes les classes la connaissance de l'idiome littéraire du pays.

Il ne semble pas qu'en aucun cas et à aucun moment la valeur, réelle ou supposée, de l'idiome soit entrée en ligne de compte. Certains idiomes ont pu être regardés comme plus parfaits que d'autres, mais cette opinion, fondée ou non, ne paraît pas avoir eu d'influence sur leur progrès. Ç'a été l'erreur de Rivarol, en son célèbre discours sur l'universalité de la langue française (1784), erreur dont on trouve encore la trace chez certains écrivains, de croire que la grande extension de la langue française dans les derniers siècles était due à des qualités inhérentes à cette variété du langage roman. Ces qualités appartiennent aux écrivains plutôt qu'à l'idiome. Les écrivains contribuent certainement à augmenter la richesse du vocabulaire, à donner au style la clarté et l'élégance, mais il n'est pas douteux que tous les idiomes d'une même famille sont susceptibles à un degré égal d'acquérir ces mérites.

3. Dans notre Europe occidentale tous les idiomes qui se sont propagés en dehors de leurs limites originaires ont eu à lutter contre d'autres idiomes dont la force de résistance a été très variable. Et d'abord contre le latin. A une époque où, par toute la France, la littérature vulgaire, surtout en sa forme poétique, était en pleine vigueur, le latin restait non seulement la langue de l'Eglise, et par conséquent celle de toute science, mais encore il était partout la langue des gouvernements, des corps administratifs comme des assemblées provinciales ou municipales. Là même où on délibérait en langue vulgaire, on rédigeait les délibérations en latin. Toute personne qui savait lire et écrire possédait nécessairement une certaine connaissance du latin, puisque c'était dans des livres latins qu'on apprenait à lire. La France est, de tous les pays romans, celui où la langue vulgaire arriva le plus tôt à se faire une place à côté du latin. Elle s'y fit une place à part, ne se substituant pas à la langue savante, qui restait réservée aux études

poursuivies dans les monastères, dans les écoles épiscopales, dans les universités, mais servant d'expression à une littérature d'agrément, d'édification, parfois d'enseignement élémentaire, à l'usage de ceux qui n'entendaient pas le latin. Elle fut la lumière nouvelle, le soleil nouveau de ceux pour qui, selon la forte expression de Dante, le soleil ancien (le latin) ne luisait pas.

4. Les idiomes qui ont franchi leurs limites propres, ont eu aussi à lutter contre ceux des pays où ils tendaient à se répandre. La résistance des idiomes locaux, ainsi envahis sur leur propre terrain, est plus ou moins forte, selon le degré de culture qu'ils ont atteint. C'est ainsi qu'il fallut plus de temps au langage du Latium pour conquérir l'Italie centrale et méridionale que pour s'implanter en Espagne, en Gaule, dans l'Afrique septentrionale. Sur le territoire de l'ancienne Gaule, le progrès du français de Paris et d'Orléans fut assez lent. C'est, naturellement, dans la littérature que ce progrès se manifeste d'abord, et dans ce domaine, il commence à acquérir une certaine supériorité dès la fin du XII⁰ siècle. Mais en Normandie, en Picardie, en Artois, en Lorraine, en Bourgogne, il y avait dès lors des foyers littéraires d'une certaine intensité, qui maintenaient l'usage des idiomes locaux, et il faut attendre au moins le milieu du XIII⁰ siècle pour que la suprématie du français propre apparaisse clairement. Dans le midi, où, depuis l'onzième siècle, la poésie vulgaire jetait un vif éclat, l'admission du français, comme idiome littéraire et administratif, fut beaucoup plus tardive.

En Italie, la résistance du latin à l'emploi du roman comme langue écrite avait été très forte. Au XII⁰ siècle, lorsque le français commença à s'introduire dans les pays subalpins, aucune partie de la péninsule n'avait de littérature vulgaire, et cette circonstance favorisa grandement la propagation, à l'est et au sud des Alpes, des idiomes venus de France. Le français et le provençal, importés par les jongleurs du nord et du midi, occupèrent un terrain vacant. Le provençal s'éteignit de lui-même, à la fin du XIII⁰ siècle, à une époque où sa littérature était en pleine décadence dans son pays d'origine. La brillante poésie à laquelle il avait servi d'expression se continua et se développa sous forme italienne. Le français résista mieux, surtout en Lombardie, en Vénétie, en Emilie. Il ne fut détrôné qu'à la fin du XIV⁰ siècle par la poussée de la littérature toscane. Il se maintint plus longtemps en Piémont où l'influence toscane fut tardive, et où la concurrence du dialecte local avait été nulle.

5. Cherchons maintenant à déterminer les voies par lesquelles le français et sa littérature pénétrèrent en Italie.

Il n'est pas douteux que les Normands, établis en Sicile et dans l'Italie méridionale au XIe siècle, y introduisirent une certaine connaissance de la poésie française. C'est à eux que l'on doit rapporter les souvenirs de l'épopée Carolingienne et même du cycle breton que l'on trouve localisés en diverses parties de la région qu'ils ont habitée (¹). Mais il ne s'agit ici que d'une influence passagère dont les traces n'apparaissent à nos yeux que bien effacées (²).

Il faut attribuer une action plus puissante et plus durable à l'affluence des pèlerins venant de France, et se rendant en Italie, soit par la vallée de l'Isère, le Petit Saint-Bernard et le Val d'Aoste, soit par la vallée de l'Arc, le Mont Cenis et la vallée de la Dora riparia. Les voyageurs originaires des parties méridionales passaient plus au sud par le mont Genèvre, par le col de Larche, par le col de Tende, par la rive de mer (Menton et Vintimille). Les jongleurs accompagnaient volontiers les pèlerins. Ils abondaient dans tous les lieux consacrés: au Puy-Notre-Dame, à Saint-Gilles, à Saint-Jacques de Galice. Ils fréquentaient la voie de Rome et y faisaient de nombreuses stations (³). C'est par eux que les héros carolingiens et arthuriens devinrent populaires en Italie, dès la première moitié du XIIe siècle, et c'est d'Italie, en compensation, qu'ils rapportèrent les notions géographiques plus ou

(¹) Voir G. PARIS, *La Sicile dans la littérature française du moyen-âge*, dans *Romania*, V, 110.

(²) On admet cependant que les rapports entre la France septentrionale et les Normands de la Pouille et de la Sicile durent se continuer (voir MICHELE CATALANO, *La venuta dei Normanni in Sicilia nella poesia e nella leggenda*, Catania, 1903, p. 36), mais nous ne voyons pas clairement si ces rapports eurent quelque effet sur l'usage du français dans cette région. Nous voyons plus distinctement se manifester une certaine influence de la littérature française au temps de Frédéric II. L'action de l'art français est plus visible encore.

(³) On en a un témoignage dans le miracle du « Voult de Lucques » (il santo volto de Dante, *Inf.* XXI, 48). On contait qu'un jongleur ayant chanté devant un auditoire qui ne lui avait rien donné, l'image sacrée lui avait en compensation jeté son soulier, qui était d'argent et qu'il avait fallu ensuite racheter à un haut prix. Il est question de ce miracle en certains manuscrits du poème d'*Aliscans*: voir édit. Guessard et Montaiglon, p. 299-301. Le troubadour Peire d'Auvergne dans sa pièce *Dieus vera vida* y fait une allusion qui n'a pas été comprise. On a cru, au moyen-âge, que ce jongleur était un certain Geneys. En effet, dans le chansonnier provençal 856 de la Bibliothqèue nationale on lit (fol. 360 verso), en tête de la pièce *Deus verays, a vos mi ren*, une rubrique ainsi conçue: *Geneys, lo joglars a cuy lo vouts de Lucas donet lo sotlar* (cf. la table du commencement, fol. 15 verso).

moins exactes qu'ils firent entrer en divers poèmes, par exemple dans *Ogier* et dans le *Couronnement de Louis*. A l'année 1131 ou environ remonte la célèbre charte lapidaire de Nepi, qui menace du sort de Ganelon ceux qui manqueraient au serment par lequel sont liés les nobles et les consuls de la cité. Il n'y a pas lieu d'insister sur ce précieux document, signalé à l'attention depuis trois quarts de siècle et si richement commenté de nos jours par M. Rajna (¹), qui, à l'explication du monument, a joint des recherches approfondies sur les chemins que les pèlerins suivaient pour se rendre à Rome.

Au XII° siècle encore, et, selon toute apparence, à une période ancienne de ce siècle, appartient le portail septentrional de la cathédrale de Modène sur lequel se voient, en bas reliefs, des personnages appartenant à l'épopée bretonne : *Isdernus* (Ider), *Artus de Bretania*, *Durmaltus* (Durmart), *Winloge* (Guenloie), *Mardoc*, *Carrado* (Caradoc), *Galvaginus* (Gauvain), *Galivarium*, *Che* (Kai, le sénéchal) (²).

Il est à peine besoin de rappeler les statues de Roland et d'Olivier, à la cathédrale de Vérone, qui sont du XII° siècle (³). D'autres témoignages, figurés ou écrits, sur l'épopée carolingienne en Italie, ont été recueillis par Eug. Müntz (⁴) et par MM. d'Ancona et Monaci (⁵). Dans le même ordre de recherches M. Rajna a montré combien étaient fréquents en Italie, dès le XII° siècle, les noms empruntés aux romans bretons (⁶). On conçoit que les romans du cycle carolingien ont dû aussi fournir leur contingent de noms à l'onomastique italienne, encore bien, comme l'a justement remarqué M. Rajna (⁷), qu'ici la part de l'in-

---

(¹) *Un'iscrizione nepesina del 1131*, dans l'*Archivio storico italiano* de 1887.

(²) B. COLFI, *Di una recente interpretazione data alle sculture dell'archivolto nella porta settentrionale del duomo di Modena* (Modena, Vincenzi, 1900 ; cf. G. PARIS, *Romania*, XXIX, 485.

(³) Gravées dans la *Chanson de Roland*, de L. GAUTIER, édition classique, 2° éclaircissement (7° édition, 1880, p. 381).

(⁴) *La légende de Charlemagne dans l'art*, dans *Romania*, XIV, 321 et suiv.

(⁵) D'ANCONA et MONACI, *Una leggenda araldica e l'epopea carolingia nell'Umbria* (Imola, 1880, *per nozze* Meyer-Blackburne) ; D'ANCONA, *Tradizioni carolingie in Italia*, dans les *Rendiconti della R. Accademia dei Lincei*, cl. di sc. morali, storiche e filologiche, 17 mars 1889 ; EGIDI, *Una leggenda carolingia nelle Marche*, dans le *Bull. della Soc. filol. rom.*, III (1902), 31.

(⁶) *Romania*, XVII, 161, 335. — Que les romans bretons aient pénétré en Italie dès le XII° siècle, c'est à dire vers le temps même où ils furent composés, c'est ce qui ne saurait être contesté, mais qu'ils y aient été portés par les troubadours comme le suppose M. GRAF (*Giorn. stor. della lett. italiana*, V, 81-2) c'est ce dont il est permis de douter.

(⁷) *Romania*, XVIII, 2.

fluence française soit difficile à faire, puisque beaucoup des noms qui ont pu être portés au sud des Alpes par les jongleurs français existaient déjà en Italie. Diverses localités aussi ont reçu des noms qui rappellent des souvenirs de l'épopée française (¹).

6. Mais, dira-t-on, tous ces faits prouvent que des créations de l'imagination française circulaient en Italie. Prouvent-ils au même degré que la langue dans laquelle ces créations avaient trouvé leur expression était comprise par le peuple, ou au moins par certaines classes de la société? Non pas absolument. Il est possible que, dès le XIIᵉ siècle, des *cantastorie* italiens, ayant une certaine connaissance du français, aient répandu parmi leurs compatriotes, en se servant de leur dialecte propre, les gestes des héros carolingiens ou bretons. Il n'est peut-être pas téméraire de supposer l'existence d'une période en quelque sorte préhistorique de la littérature italienne où ces fabuleux récits, plus ou moins admis comme réels, auraient circulé en italien par voie orale.

Attendons le XIIIᵉ siècle. Alors, sinon plus tôt, nous trouvons des preuves évidentes d'une connaissance réelle du langage (ou des langages) de France en diverses parties de l'Italie. Il ne s'agit plus seulement de troupes de pèlerins ou de jongleurs français parcourant à petites journées le « chemin romain » et faisant des stations plus ou moins prolongées dans les villes de la route. Dès la fin du XIIᵉ siècle il s'était formé en Ligurie, en Lombardie, en Vénétie, dans les cours seigneuriales, dans certaines cités, des centres favorables au développement de la poésie et de la littérature de passe-temps. Les cours de Montferrat et d'Este, et toute la Marche Trévisane devinrent un pays d'élection pour les troubadours, surtout à partir de l'époque où les conditions politiques qui résultèrent de la croisade albigeoise forcèrent un grand nombre d'entre eux à s'expatrier. Pendant le XIIIᵉ siècle la poésie provençale, cultivée non seulement par les troubadours fugitifs mais aussi par les Italiens, fut plus florissante dans l'Italie septentrionale que dans son pays d'origine. C'est dans cette région, probablement dans la Marche Trévisane, que, aux environs de 1250, fut composée la grammaire connue sous le nom de *Donat proensal* à la demande de deux seigneurs italiens. Plus tard, peu avant 1300, Terramagnino de Pise paraphrasait en vers provençaux les *Razos de trobar* de Raimon Vidal de Besaudún, et nous savons que, vers le même temps ou peu après, Dante non seulement lisait les troubadours, mais pouvait écrire

---

en leur langue. Enfin, et c'est l'une des plus fortes preuves que l'on puisse apporter du succès de la poésie provençale en Italie, la majeure partie des anthologies qui nous ont conservé ce qui nous est parvenu des compositions des troubadours a été écrite par des copistes italiens.

Mais on ne se propose pas ici d'étudier le mouvement provençal en Italie, sujet sur lequel il existe déjà de nombreux travaux : c'est de l'expansion du français que nous avons à nous occuper.

7. Le développement de la littérature française en Italie est parallèle à celui de la littérature provençale. Toutefois il paraît commencer un peu plus tard et se poursuit assurément plus longtemps : jusqu'au début du XVe siècle. Une autre différence est qu'il ne se manifeste pas dans les mêmes genres littéraires. L'emploi du provençal est à peu près limité à la poésie lyrique, chansons, sirventés, ballades ; les compositions destinées à être lues ou récitées, comme le *Tesaur de Sordel*, sont assez rares, et plus rares encore les écrits en prose. La langue française pénètre en Italie avec des poèmes variés : chansons de geste, romans d'aventure, légendes de saints, et avec des écrits en prose de divers genres. C'est une littérature moins limitée dans son objet, plus généralement accessible par son caractère, et capable de se répandre en dehors d'un petit cercle de lettrés.

Il y a lieu ici de passer en revue trois ordres de preuves, qui nous sont fournies : 1° par les témoignages des contemporains sur la connaissance du français et de sa littérature ; 2° par les transcriptions d'œuvres françaises faites en Italie ; 3° par les œuvres françaises qui ont pour auteurs des Italiens.

Le plus précieux des témoignages sur l'usage du français en Italie serait assurément, si on pouvait lui accorder une entière confiance, celui que le premier biographe de François d'Assise, Thomas de Celano, nous a laissé sur son héros, qui, nous dit-il, chantait les louanges du Seigneur « lingua francigena ». Bien que cette assertion ait été répétée par d'anciens biographes et qu'elle paraisse acceptée par les modernes (¹), j'avoue qu'elle m'inspire des doutes. Car, dans la partie de l'Italie où vivait saint François, la langue française n'a jamais été fort répandue, surtout à la fin du XIIe siècle et dans les premières années du XIIIe, et d'autre part le fait que le père de François voyageait souvent en France ne prouve pas que le fils ait su rimer

______

(¹) DELLA GIOVANNA, *S. Francesco d'Assisi, giullare*, dans *Giorn. stor. della lett. ital.*, XXV (1895), 2.

en français. Si François avait vécu dans l'Italie septentrionale on pourrait se montrer moins défiant à l'égard de biographes dont la véracité n'est nullement au dessus de toute contestation.

A Bologne le jurisconsulte Odofredo († 1265), qui professait au milieu du XIIIᵉ siècle, nous offre un témoignage plus sûr, quoique moins précis. Ce maître se plaisait — on l'a remarqué depuis longtemps (¹) — à introduire dans ses commentaires sur le Code et sur le Digeste, l'expression de ses sentiments personnels sur les hommes et sur les choses de son temps. Il nous parle des *joculatores qui ludunt in publico causa mercedis*, des *orbi qui vadunt in curia communis Bononie et cantant de domino Rolando et Oliverio* (²). Il n'est pas dit que ces jongleurs, aveugles ou non, fussent français, mais il n'est pas téméraire de le supposer, si on considère que vingt-cinq ou trente ans plus tard les magistrats de Bologne furent obligés d'intervenir par un *bando* célèbre pour défendre les attroupements causés par les jongleurs français.

En certains cas il se peut que les circonstances politiques soient venues en aide à l'influence littéraire. Nous verrons qu'il y eut à Naples, à la fin du XIIIᵉ siècle, un faible mouvement littéraire dans le sens français, qui, assurément, ne se serait pas produit sans l'occupation du pays par Charles d'Anjou. A Florence toutefois, l'occupation française, qui fut, à la vérité, très courte (1267), n'eut pas un effet appréciable sur la propagation du français.

8. Le fait que nous possédons encore maintenant de nombreux manuscrits français qui ont été exécutés en Italie pour le public italien conduit à des conclusions plus précises et plus sûres. Quand, dans un pays, on recherche les livres composés en une langue étrangère, quand on s'applique à en multiplier les copies, on peut affirmer que cette langue y est répandue, au moins dans une certaine classe de la société. Si d'ailleurs l'idiome local ne s'écrit point ou s'écrit peu, on peut induire de cette circonstance que c'est l'idiome étranger qui tend à prendre le rang de langue littéraire. Au XIIIᵉ siècle, bien des œuvres françaises ont été goûtées, imitées, traduites en Espagne ou sur les bords du Rhin. Il ne paraît pas que dans les mêmes pays on en ait fait des copies. La littérature française y avait pénétré dans une mesure variable : elle ne s'y était pas implantée. Au contraire, l'Angleterre

(¹) Tiraboschi, *Stor. della lett. ital.*, édit. de Milan, IV, 406.

(²) Voir N. Tamassia, *Odofredo, studio storico giuridico.* (Bologna, 1894), dans les *Atti e memorie della R. Deputazione di storia patria per le provincie di Romagna*, 3ᵐᵉ série, t. XI et XII.

tout d'abord, l'Italie septentrionale et les pays de langue flamande à un moindre degré, ont été, pendant une période plus ou moins longue, au point de vue de la littérature, comme un prolongement de la terre française.

Il est impossible, dans l'état actuel de nos connaissances, de dresser une liste tant soit peu complète des livres français qui ont été écrits par la main de copistes italiens. Non qu'il soit difficile à un paléographe expérimenté de reconnaître le pays d'origine d'un manuscrit: la forme des lettres et des abréviations, le caractère de l'ornementation fournissent des indices auxquels on ne peut se méprendre; mais il est rare que ces indices aient été relevés dans les catalogues, et les manuscrits eux-mêmes, dispersés par toute l'Europe, échappent facilement aux investigations. Toutefois, une liste, même imparfaite, peut être de quelque utilité en nous montrant quels sont les ouvrages qui ont été le plus goûtés au sud des Alpes. Nous placerons en premier lieu les poëmes et ensuite les écrits en prose.

Les chansons de geste, principalement celles du cycle de Charlemagne, ont été particulièrement appréciées, ce que pouvaient d'ailleurs faire présumer les témoignages rappelés plus haut. Plusieurs des manuscrits que nous aurons à mentionner proviennent de la célèbre bibliothèque des Gonzagues, dont le catalogue, pour la partie française, a été publié ([1]). Nous ne donnerons pas le dépouillement de ce catalogue, non plus que des anciens inventaires de la bibliothèque des d'Este, où sont enregistrés beaucoup de livres français: nous nous bornerons à mentionner les livres qui existent encore et dont il a été, par suite, possible de vérifier l'origine italienne.

Roland. Le plus ancien et le plus célèbre de nos poëmes épiques paraît avoir été copié fréquemment en Italie. Trois de ces copies nous sont parvenues. Toutes trois viennent des Gonzagues: 1° Venise, San Marco, fr. IV. c'est, pour une partie, la rédaction ancienne ([2]); 2° San Marco, VIII ([3]); 3° Bibl. de Châteauroux ([4]).

([1]) Par W. Braghirolli, *Romania,* IX, 497 et suiv., avec commentaires par les éditeurs de ce périodique. Ce catalogue est de 1407. Cf. Fr. Novati, *I codici francesi de' Gonzaga secondo nuovi documenti,* dans le même recueil, XIX, 161. — On croit que la collection était entière vers 1625, lorsque plusieurs volumes passèrent, par acquisition, à Turin. Le palais ducal des Gonzagues fut mis à sac en 1680; voir les *Atti* de l'Académie des sciences de Turin, XIX, 756. Beaucoup des livres de la bibliothèque durent se perdre. Ce qui restait fut mis en vente à Venise en 1708 (*Romania,* IX, 499).

([2]) Catal. de 1407, n° 41; *Romania,* IX, 511. C'est le texte imprimé par Kölbing en 1877.

([3]) Catal. de 1407, n° 43; *Romania,* ibid.

([4]) Catal. de 1407, n° 51; *Romania,* IX, 513.

Aspremont. Cinq des seize manuscrits complets ou incomplets, qu'on possède de ce poème ont été faits en Italie. Voir *Romania*, XIX, 201-3. Deux viennent de la bibliothèque des Gonzagues ([1]).

Ogier le Danois. Tours 938; vient de la collection Lesdiguières. On n'a pas, jusqu'à présent, reconnu ce ms. comme italien. Le caractère de l'écriture rend cette origine très probable. On sait d'ailleurs qu'*Ogier* a eu beaucoup de succès en Italie ([2]).

Aliscans. Venise, San Marco, fr. VIII ([3]).

Fouque de Candie. Venise, San Marco, fr. XIX et XX ([4]).

Aie d'Avignon. Deux feuillets isolés ayant appartenu au même manuscrit, et conservés l'un à Venise, l'autre à Bruxelles. Voir *Romania*, XXX, 490.

Gui de Nanteuil. Il y a un ms. de ce poème, suite d'*Aie d'Avignon*, à Venise, San Marco, fr. X ([5]). Ce ms. contient un prologue composé en français par un italien du nom de Çenat. Voir mon édition de *Gui de Nanteuil* (1861), p. xxxiij.

Il n'est peut être pas hors de propos de mentionner ici le *Girart de Roussillon* d'Oxford ([6]), quoique ce poème, rédigé en Limousin, n'appartienne pas proprement à la littérature française.

Les poèmes du cycle Arthurien ont certainement été très lus et ont du être souvent copiés en Italie. Cependant il nous en est parvenu bien peu de copies où l'on puisse reconnaître une main italienne. Les Gonzagues avaient un *Perceval* de Chrétien de Troies, avec les continuations ([7]), qui paraît perdu. Les seigneurs de la maison d'Este, qui possédaient tant de romans de la Table ronde en prose, n'avaient, semble-t-il, aucun roman en vers de la même classe ([8]). Notons toutefois qu'on a trouvé à Florence un fragment du *Cligès* de Chrétien de Troies ([9]). Le ms. de *Perceval*, qui est conservé à la Riccardiana, ne doit pas être cité ici, étant de main française.

([1]) Catal. de 1407, n°s 41 et 42.

([2]) Voir Rajna, *Uggeri il danese nella lett. romanzesca degli Italiani* (*Romania*, II, 155; III, 31; IV, 398).

([3]) Gonzague, Catal. de 1407, n° 47; *Romania*, IX, 512.

([4]) Gonzague, Catal. de 1407, n°s 45 et 49; *Romania*, ibid.

([5]) Gonzague, Catal. de 1407, n° 51; *Romania*, IX, 513.

([6]) Bodleienne, Canonici misc. 63, provenant des Gonzagues (n° 48 du Catal. de 1407), *Romania*, IX, 512.

([7]) Catal. de 1407, art. 39; *Romania*, IX, 510.

([8]) Voy. les extraits des catalogues de la bibliothèque d'Este publiés par M. Rajna, *Romania*, II, 50 et suiv.

([9]) *Romania*, VIII, 266; *Zeitschr. f. rom. Phil.*, III 314.

Entre les romans d'aventure, il en est un qui semble avoir été particulièrement recherché: c'est le roman de *Florimant*, composé par Aimes de Varennes en 1188, dont nous possédons trois copies écrites par des Italiens: un à Paris, Bibl. nat. fr. 15101; un à Venise, San Marco, fr. 22; un à Monza (¹). Je considère comme étant aussi d'origine italienne le ms. unique du roman de Joufroy (²) qui est conservé à Copenhague. Je n'ai pas vu ce manuscrit, mais je remarque dans le texte des particularités de graphie qui ne peuvent venir que d'un italien. L'un des manuscrits de Partenopeus de Blois (Paris, Bibl. nat. nouv. acq. fr. 7516) est aussi de main italienne. Il vient des Gonzagues (³).

Il était naturel que, dans le pays qui fut le berceau de l'humanisme, on attachât un prix particulier aux compositions poétiques relatives à l'antiquité. Aussi ne sommes-nous pas surpris de constater que six des copies du *Roman de Troie*, par Benoît de Sainte More, sont de main italienne: Milan, Ambrosiana, D. 55; Naples, Biblioteca nazionale, XIII. C. 38; Paris, Bibl. nat., nouvelles acquisitions françaises 6774 (⁴); Rome. Vat., Reg. 1506; Venise, San Marco, fr. XVII, et XVIII (⁵). Nous aurons a fournir plus loin d'autres preuves de la popularité de ce roman en Italie. Du *Roman d'Alexandre* nous connaissons aussi trois copies qui ont la même origine: Parme, Bibl. R. 1206 (⁶); Venise, Musée Correr, B. 5. 8, manuscrit qui présente une rédaction toute particulière (⁷); Lugo, fragment qui appartient à la branche du *Fuerre de Gadres* (⁸). Le ms. de l'Arsenal, qui contient la même rédaction que le ms. du Musée Correr, peut aussi être mentionné ici, parce que deux de ses feuillets, qui, par une cause quel-

(¹) Voir le mémoire de M. Fr. Novati sur ce ms., *Revue des langues romanes*, 4ᵉ série, t. V, p. 482.

(²) *Joufrois, altfranzösisches Rittergedicht*, hgg. von K. Hofmann und Fr. Muncker. Halle, 1880.

(³) Catal. de 1407, nᵒ 30; *Romania*, IX, 509. Il a été acheté par la Bibliothèque nationale en 1899 à l'une des ventes de la collection Ashburnham.

(⁴) *Romania*, XXVIII, 574.

(⁵) Les deux mss. de Venise ont fait partie de la Bibliothèque Gonzague, nᵒˢ 28 et 29 du catal. de 1407; *Romania*, IX, 509.

(⁶) *Romania*, XI, 258.

(⁷) *Romania*, XI, 249. J'ai donné de ce manuscrit une description détaillée et de copieux extraits dans mon livre sur *Alexandre le Grand dans la littér. du moyen-âge*, I, 237 et suiv.

(⁸) *Romania*, XI, 319; reproduit en facsimilé dans les *Facsimili di antichi manoscritti* de M. Monaci, planches 29-32.

conque, avaient disparu, ont été rétablis, au XIV⁰ siècle, par une main
italienne (¹).

En dehors des chansons de geste et des romans, au sens où nous
entendons ce mot, il y eut en France, au XIIᵉ siècle et surtout au XIIIᵉ,
une puissante floraison de poésies religieuses, morales, satiriques, dont
beaucoup pénétrèrent en Italie, celles particulièrement qui présen-
taient un intérêt général. La plus ancienne copie de la première traduction en vers du lapidaire de Marbode, le ms. 14470 du fonds latin
de la Bibliothèque nationale, provenant de l'abbaye de Saint-Victor,
est, à mon avis, due à une main italienne. Le ms. 584 de Lyon, qui
renferme outre un poème religieux en italien dialectal, composé ou du
moins écrit à Vérone (²), divers poèmes français (une passion du Christ,
l'Assomption de la Vierge par Wace, etc.) a certainement été écrit en
Lombardie ou en Vénétie. Il est curieux de constater que ce ms. est
de la main qui a écrit le poème de Florimont mentionné plus haut
(Bibl. nat. fr. 15101) et un des manuscrits de l'*Aspremont* (³). M. Mussafia (⁴) a signalé un manuscrit de la Bibliothèque de l'Arsenal
(n⁰ 3645) contenant: 1⁰ une longue prière en tirades monorimes; 2⁰ un
poème sur l'Antéchrist et le Jugement dernier; 3⁰, une vie de sainte
Catherine, en français. Ce recueil a été indubitablement écrit en Italie.
L'écriture peut être de la première moitié du XIVᵉ siècle, mais le poème
sur l'Antéchrist a sûrement été copié d'après un manuscrit exécuté à
Vérone en 1251; car on lit à la fin de ce poème (fol. 24 v⁰) la note
suivante: *Explicit liber de Antechrist. A[c]tum est hoc . m . cc . lj .,
die Jovis [post] festum sancti Thomei apostoli, super carcere Po-
lorum in contracta* (sic) *de Monteculis* (⁵) *in Verona.*

Il est digne de remarque que le public lettré de l'Italie, à qui
nous devons la conservation d'un si grand nombre de poésies des troubadours, semble avoir fait peu de cas de celles des trouvères. Entre
nos chansonniers français, on n'en connaît qu'un seul qui a été écrit
en Italie: c'est celui qui est compris dans les feuillets 218 à 238 du
célèbre recueil de poésies provençales conservé à Modène, et qui ren-

(¹) *Romania*, XI, 249.

(²) Publié par M. W. Fœrster, *Giornale di filologia romanza*, I, 44. Cf. *Romania*, IX, 162.

(³) Et en outre un des deux mss. du roman provençal de Jaufré.

(⁴) *Zur Katharinenlegende*, dans les Comptes-rendus de l'Académie des
sciences de Vienne, classe de phil. et d'hist., LXXV, 248.

(⁵) Montechi.

ferme beaucoup de pièces uniques (¹). Par contre, à une époque où la poésie des trouvères français était partout bien oubliée, c'est à dire du XVᵉ au XVIIᵉ siècle, nous voyons, non sans surprise, la poésie de l'école de Machaut et d'Eustache Deschamps (ballades, rondels, virelais, etc.), et aussi des chansons à forme populaire, recevoir au sud des Alpes l'accueil le plus favorable et prendre place à côté de pièces proprement italiennes dans des recueils notés en musique (²). Il est bien vraisemblable que ce retour vers la poésie française, ou plutôt vers un des genres de cette poésie, fut causé par la faveur dont jouissait la musique qui l'accompagnait, et se fortifia par suite des contacts fréquents avec les Français au XVᵉ siècle et au XVIᵉ. Nous devons savoir gré aux Italiens de la Renaissance de nous avoir conservé beaucoup de poésies que nous ne retrouvons plus dans les recueils d'origine française qui nous sont parvenus.

9. Si nous passons en revue les ouvrages en prose française dont nous possédons des copies de main italienne, nous nous confirmerons dans la pensée que les lecteurs à qui étaient destinés ces écrits étaient des personnes éclairées, appartenant aux classes nobles ou bourgeoises, et qui, sans dédaigner les œuvres de passe-temps, goûtaient particulièrement la littérature sérieuse du temps. Cette littérature n'était certainement pas toujours originale. Elle se composait, pour une grande part, de traductions. Mais ces traductions, qui jouissaient en France d'un succès considérable, ne sont pas sans intérêt, parce que, indépendamment de leur valeur comme textes de langue, elles nous font connaître le goût des laïques instruits d'alors. Les œuvres destinées à l'instruction religieuse et à l'édification paraissent avoir été les plus répandues. Citons des recueils de vies des saints (³), des récits concer-

---

(¹) Voir *Revue des langues romanes*, 4ᵉ série, V, 336 (art. de M. Camus), et IX, 241 (art. de M. Jeanroy).

(²) Voir *Romania*, VIII, 73 (poésies d'un ms. de Florence p. p. Stickney); XXVII, 138 (pièces tirées d'un ms. de Vicence, daté de 1416, par M. Novati); *Miscellanea Caix-Canello*, p. 271 (R. RENIER, *Un mazzetto di poesie musicali francesi*, d'après deux mss. de Cortone; cf. *Zeitschr. f. rom. Phil.* XI, 371); *Bulletin de la Société des anciens textes français*, 1882, p. 69 (extraits d'un ms. du Musée britannique fait en Italie) etc.

(³) Trois manuscrits exécutés en Italie, et conservés respectivement à Lyon, à Tours et à Modène, renferment un recueil formé d'une quinzaines de vies de saints en français. Deux d'entre eux ont joint à ce recueil un choix de légendes empruntées à une traduction française, d'ailleurs inconnue, de la *Legenda aurea* de Jacques de Varazze. Voir sur ces manuscrits le *Bulletin de la Société des anciens textes français*, années 1888, 1897, 1902.

nant les Pères du désert, et tirés de l'*Historia monachorum* de
Rufin (¹) et des *Verba seniorum* attribués au diacre Pélage (²), les
vies de Paul l'ermite, du moine Malchus, de Fronton, de François
d'Assise, le Dialogue du pape saint Grégoire (³); l'Histoire de Barlaam
et de Josaphat, en prose (⁴); les Sermons de l'évêque de Paris Maurice
de Sully, dont on conserve à Pise une copie faite, en 1288, par un
certain Taddeo, « in carcere Januentium » (⁵); la traduction du *Mo-
ralium dogma philosophorum*, de Guillaume de Conches (⁶). Parmi
les écrits proprement didactiques, on peut mentionner le *Trésor* de
Brunetto Latini, qui devait bientôt reparaître en version italienne, et
un lapidaire en prose (⁷). Une œuvre de littérature courtoise, l'Arrière-
ban, ou Bestiaire, de Richard de Fournival, a été appréciée en Italie,
où nous en trouvons deux copies (⁸). Les romans de la Table ronde,
si souvent traduits ou imités en Italie, y ont d'abord pénétré sous leur
forme originale. Nous possédons encore des copies italiennes du *Tristan*
en prose, du *Saint Graal*, de *Merlin* (⁹) et d'autres romans appartenant à la matière de Bretagne (¹⁰). Il existe un abrégé en prose du
Roman de Troie par Benoît de Sainte More, qui n'offrirait guère d'intérêt, s'il n'était précédé d'une très curieuse introduction sur les pays
où l'on parlait grec au temps où vivait l'abbréviateur, c'est à dire vers

(¹) Livre III des *Vitae patrum* de Roswebde (Anvers, 1628).

(²) Livre V du même ouvrage.

(³) Ces divers écrits sont réunis dans les manuscrits français 430 et 9760 de
la Bibl. nat. de Paris, faits en Italie.

(⁴) Paris, Bibl. nat., fr. 187. Ce ms. a appartenu à Blanche de Savoie, qui
épousa en 1350 le duc de Milan Galéas Visconti, et a probablement été fait pour elle.

(⁵) *Romania*, XXIII, 184. Le ms. 187 mentionné à la note précédente renferme aussi les mêmes sermons.

(⁶) Mss. à la Laurentienne, Plut. XLI, 42, et LXXVI, 79 (*Bulletin de la
Société des anciens textes français*, 1879, p. 73). Pour l'attribution de l'original
latin à Guillaume de Conches, voir Hauréau, *Notices et extraits de quelques mss.
latins de la Bibl. nat.*, I, 108.

(⁷) Laurentienne, LXXVI, 79 (*Bulletin* cité, 1879, p. 79).

(⁸) Même manuscrit (*Bulletin*, pp. 74 et 83), et Ashburnham-Libri 123, à
la Laurentienne (*Indici e cataloghi. I Codici Ashburnhamiani della Bibl. medic.
Laur.*, I, 71).

(⁹) Bibl. Riccardiana, 2759; Ashburnham. Libri 123.

(¹⁰) La bibliothèque des Gonzagues (Catal. de 1407, nᵒˢ 60 à 67) contenait
plusieurs mss. de *Tristan* en prose (soit celui de Luce du Gast, soit celui d'Hélie
de Borron), dont quelques-uns nous ont sans doute été conservés, quoiqu'on ne
les ait pas encore identifiés. Il y avait aussi des mss. de *Lancelot*, du *Saint Graal*,
de *Merlin*, dans la Bibliothèque d'Este (*Romania*, II, 50 et suiv.):

le milieu du XIIIe siècle. L'un des mss. de cet abrégé (Bibl. de Gre-
noble, n° 861) a été fait par un certain « Johannes de Stennis » de
Padoue, en 1298, dans la prison de Padoue où il était détenu, pour
le podestat de cette cité, « Hungarus de Hodis, de Perusio ». C'est
l'année même où Marco Polo dictait, dans la prison de Gênes, ses
voyages à Rusticien de Pise. L'histoire n'était pas moins en honneur
que la fiction. On possède deux volumineuses compilations françaises,
l'une qui résume l'histoire profane jusqu'à César, l'autre qui est une
vie de César d'après Salluste, César lui-même, Lucain et Suétone. La
première a été rédigée vers 1230, la seconde est un peu postérieure.
De ces deux ouvrages, qui ont été diversement abrégés et traduits en
italien (¹), nous avons de très nombreuses copies entre lesquelles plusieurs ont été faites en Italie (²). L'histoire d'Alexandre en prose française, traduite de l'*Historia de praeliis*, au XIIIe siècle, figure au
catalogue Gonzague (n° 26). Cette copie, d'une écriture visiblement
italienne, est maintenant à Berlin (collection Hamilton). N'oublions
pas non plus que deux des meilleurs manuscrits de Villehardouin, tous
deux parfaitement identiques, ayant été transcrits d'après le même original, nous viennent de Venise (³).

10. Si l'on met à part les chansonniers musicaux dont il a été
question plus haut, il ne paraît pas qu'aucun des manuscrits faits en
Italie qui ont été cités dans les pages qui précèdent soit plus récent
que les premières années du XVe siècle, ni plus ancien que le milieu
du XIIIe; d'où il semblerait légitime de conclure que la période pendant laquelle le français a été à la mode dans l'Italie septentrionale
n'a pas duré beaucoup plus d'un siècle et demi. Il convient cependant

---

(¹) *Romania*, XIV, 31, 63.; Parodi, *Studi di filologia romanza*, II, 166.

(²) Venise, fr. 2 et 3 (Gonzague); voir *Romania*, XIV, 3, note 6; 51, note 5;
Londres, Musée brit., roy. 20 D I; voir *Romania*, XIV, 50; Paris, Bibl. nat.
fr. 1386, ibid.; Dijon, 323, ibid. 49. — L'un des mss. de l'histoire de César
(maintenant à Oxford, Bodléienne, Canonici misc. 450) daté de 1384, contient un
explicit ainsi conçu : « Explicit historia Julii Cesaris, domini Lodovici comitis de
Porcilia, honorabilis capitanei civitatis Vincentie, pro magnifico Antonio de la Scala,
Verone et Vincentie imperiali vicario generali. Et dictum opus expletum fuit per
magistrum Benedictum, scriptorem Verone, de millesimo CCC octuagesimo quarto,
VII ind., in die Veneris, primo Aprilis ». Ad. Bartoli, *I viaggi di Marco Polo*,
p. lxxij, a cru que ce Lodovico di Porcia était l'auteur du livre, tandis qu'il n'en était
que le possesseur. Il a rectifié plus tard cette erreur, *I primi due Secoli*, etc. p. 108.

(³) Paris, Bibl. nat. fr. 4972; Oxford, Bodléienne, Laud misc. 587.: voir édition
N. de Wailly, p. xiv.

de l'étendre un peu dans les deux sens, car d'une part il est prouvé par d'irrécusables témoignages que la poésie française avait pénétré en Italie dès la première moitié du XIIe siècle, et d'autre part les éléments d'où nous tirons nos informations sont trop incomplets pour permettre des conclusions d'une rigueur absolue.

Et à ce propos, il y a lieu de faire une remarque qui aidera à préciser un peu les limites du territoire auquel peuvent s'appliquer nos conclusions. Les témoignages que nous avons recueillis, se rapportent généralement à la Lombardie, à la Vénétie, à l'Emilie. Les manuscrits français où nous avons reconnu une main italienne proviennent, pour la plupart, des mêmes provinces. Est-ce à dire qu'en Piémont on se soit montré réfractaire à l'emploi du français? Bien au contraire: le Piémont est, de toutes les régions de l'Italie celle où le français s'est implanté de la façon la plus durable et où le toscan a pénétré le plus tardivement. Seulement il est vrai qu'au XIVe siècle la littérature laïque y était moins en vogue que dans les provinces situées plus à l'est. D'autre part l'indice paléographique dont nous nous sommes servis pour déterminer l'origine italienne de certains manuscrits nous fait ici défaut. En effet, l'écriture usitée en Piémont au moyen-âge se rapproche beaucoup plus de l'écriture française que de l'écriture lombarde, vénitienne ou bolonaise; de sorte que, en l'absence d'indications précises, qui sont rarement fournies par les copistes, on est exposé à considérer comme écrits en France ou en Savoie des livres écrits en Piémont. L'histoire de la pénétration du français en Piémont demande à être traitée à part.

Nous arriverons à compléter et à préciser les notions résumées dans les pages qui précèdent en étudiant les œuvres françaises non plus seulement transcrites, mais composées en Italie. Cette étude, nécessairement très sommaire, n'aura nullement le caractère d'une histoire littéraire, notre but étant simplement de fixer les conditions de temps et de lieu dans lesquelles le français a été employé.

Quand a-t-on commencé, au sud des Alpes, à composer en français? Il est difficile de le dire: les dates manquent, et probablement aussi les premiers essais. Tout ce qu'on peut affirmer, c'est que les premiers documents connus de la littérature franco-italienne ne sont pas de beaucoup antérieurs au milieu du XIIIe siècle. Il ne serait pas moins malaisé de décider si l'emploi du français a commencé par les vers ou par la prose. Cette recherche aurait, du reste, assez peu d'intérêt. Il est bien évident que les Italiens ont dû adopter l'usage français tel qu'il existait de leur temps, c'est à dire qu'ils ont, selon les sujets, employé soit la prose, soit les vers, comme on faisait en France. Toutefois, si on considère que la langue ~~au~~ d'au delà des Alpes a pénétré en Italie avec les récits en vers colportés par les jongleurs, on inclinera peut-être à penser que l'idiome importé fut plus probablement, à l'origine, appliqué à des compositions poétiques.

Seulement, s'il en fut ainsi, il faut reconnaître que ces premières compositions poétiques ne nous sont pas parvenues, ou que nous ne sommes pas en état de les distinguer et de les rapporter à leur date, car, dans l'état de nos connaissances, il paraît bien que les plus anciens écrits français dûs à des Italiens sont des écrits en prose. C'est donc par ceux-là que nous allons commencer.

11. Le plus ancien écrit français dû à un Italien et daté qui nous soit parvenu paraît être la traduction de deux traités de fauconnerie faite par un certain Daniel de Crémone pour le fils naturel de l'empereur Frédéric II, Enzio, roi de Sardaigne (1238-1249). Le manuscrit de cette traduction est à Venise, San Marco, CIV, 7. On lit dans le prologue que les originaux de ces deux traités ont été écrits en hébreu par « Moamyn » et par « Mestre Tariph de Perse » (¹), qu'ils furent translatés d'hébreu en latin par maître Théodore, par le commandement de l'empereur Frédéric II. Daniel de Crémone, qui se déclare modestement « de povre lectreûre et de povre science », s'excuse d'avoir entrepris ce travail, bien qu'il soit, dit-il, « greveuse chose à ma langue proffere le droit franceis, por ce que Lombard sui ». Sa langue, cependant, autant que nous en pouvons juger par le peu que nous connaissons de sa traduction (²), est assez correcte.

Un autre traité composé pour Frédéric II est le *Liber marescalciæ* de Jordanus Rufus, calabrais (³), qui fut traduit en français, en provençal, en italien. Il en existe au moins trois traductions françaises (⁴),

(¹) Voir sur ces deux écrivains et sur les traductions qu'on possède de leurs œuvres, *Zeitschr. f. rom. Philologie*, XII, 171-8.

(²) Voir D. Ciampoli, *I codici francesi della R. Bibl. naz. di S. Marco in Venezia descritti e illustrati*, Venezia, 1897, pp. 112-4. Les extraits cités dans cet ouvrage sont imprimés d'une manière très fautive.

(³) Voir pour les éditions du texte latin et des versions italiennes le *Manuel du libraire* de Brunet, sous Ruffus, et Zambrini, *Le opere volgari a stampa dei sec. XIII e XIV*, sous Russo. On en a trouvé récemment une version sicilienne sur laquelle M. le prof. De Gregorio va publier une notice.

(⁴) Voir *Romania*, XXIII, 855, et la notice de M. E. Langlois sur le ms. Vat. Reg. 1212, dans les *Notices et extraits des manuscrits*, XXXIII, 2e partie, p. 100.

dont l'une nous est parvenue par une copie exécutée en Italie à la fin du XIIIe siècle ou au commencement du XIVe. Elle est en assez bon français : toutefois certaines expressions plutôt italiennes que françaises me portent à croire qu'elle a été non seulement copiée mais encore composée en Italie (¹). Mais, jusqu'à présent, tout indice de la date nous manque.

Il paraît légitime de placer vers le milieu du XIIIe siècle une compilation médicale en quatre livres, rédigée en français par un médecin florentin ou siennois appelé Aldebrand ou Hallebrandin. Les manuscrits ne sont d'accord ni sur le nom de l'auteur, ni sur le titre de l'ouvrage, ni sur les circonstances dans lesquelles il fut composé. Si on laisse de côté diverses copies qui n'ont ni titre ni prologue, on trouve d'abord quatre manuscrits pourvus d'un prologue où il est dit que « Maistre Alebrans de Florence » fit ce livre en 1256, à la requête de Béatrix de Savoie, femme de Raimon Bérenger IV comte de Provence, mère de Marguerite femme de saint Louis, d'Eléonore femme de Henri III d'Angleterre, de Sancia femme de Richard d'Angleterre, comte de Cornouailles, et de Béatrix femme de Charles d'Anjou (²). Ce sont là des renseignements précis et qui paraissent dignes de confiance, d'autant plus que les manuscrits qui contiennent ce prologue sont de la fin du XIIIe siècle ou du commencement du XIVe. Une autre copie (³) porte que le traité fut traduit du latin par ordre de la reine Blanche, mère de saint Louis, ce qui ne contredit pas l'indication donnée par les quatre copies précitées. Le ms. Bibl. nat. fr. 2022 appelle l'auteur « médecin du roi de France », ce qui est d'accord avec l'ancienne édition citée plus bas. Le roi de France ne peut être que le fils de la reine Blanche, saint Louis. D'autre part deux manuscrits, qui ne sont à la vérité que du XVe siècle, ont un prologue entièrement différent, et qui ne peut émaner de l'auteur, où il est dit que Frédéric, « qui fu jadis emperieres de Rome et fut puis condampnez a Lyon sur le Rosne de pape Innocent en concile general .... fist cest present livre translater de grec en latin et de latin en françois, et le translata maistre HALÉBRANDIS DE SIENNE ; et fut faicte ceste transla-

(¹) Le début de cette version est publié dans la *Romania*, XXIII, 356.

(²) Paris, Bibl. nat. fr. 2021 ; Arsenal, 2814 ; Rome, Vat., Reg. 1451 : Ashburnham, collection Barrois n° 265, vendu en 1901 (n° 6 du catalogue de vente). — Ce prologue a été publié d'après le premier de ces mss. par AD. BARTOLI, *I primi due secoli della letteratura italiana*, p. 94 ; cf. *Storia della lett. ital.*, III, 12.

(³) Paris, Arsenal, 2059, fol. 179.

tion en l'an de l'incarnation Nostre Seigneur Jhesu Christ MCC XXXIII » (¹).
Enfin, en tête du ms. Sloane 2435 du Musée britannique, on lit: « Chi
comence li livres pour la santé garder de tout le cors ensemble et de
cascun membre par soi, ke maistre Aldobrandirs de Sienne fist por
Benoit de Florenche » (²). Le nom d'Alebrandin de Sienne pourrait
encore s'autoriser de l'ancienne version italienne de Zucchero Benci-
venni, dont plusieurs extraits ont été publiés (³). Mais ici la variété
du nom est insignifiante ; la même personne pouvait tirer son surnom
de deux villes différentes (⁴). La différence des titres, « livre de phy-
sique », « régime de santé », etc., est aussi dénuée d'importance : ce
que nous désirerions savoir, c'est si l'ouvrage fut composé en 1256 ou
en 1234, pour Frédéric II ou pour la reine de France Marguerite, ou
pour Blanche de Castille, la belle-mère de celle-ci. La balance penche
sensiblement en faveur de la première attribution. En ce cas, le traité
aurait été vraisemblablement composé en France, ce qui expliquerait
la qualité de « médecin du roi de France » donné à l'auteur par un
des manuscrits et par l'ancienne édition. Toutefois il n'est peut-être
pas impossible de concilier ces divergences. Il se pourrait que, composé d'abord à la demande de Frédéric II, le traité ait ensuite été
présenté, avec le prologue spécial qui manque en beaucoup de manuscrit, à Marguerite de Provence et à Blanche de Castille. Peut-être
même a-t-il été offert aussi à ce Benoit de Florence inconnu, mentionné en un de nos manuscrits. Notons en passant que nous avons à
Paris (Arsenal 2511) une copie faite en Italie au XIV⁴ siècle. Elle est
dépourvue de prologue (⁵).

(¹) Littré, dans l'*Histoire littéraire de la France*, XXI, 416, d'après le ms.
de la Bibl. nat. de Paris, fr. 1288. Autre ms. avec le même prologue, Vatican,
Reg. 1334.

(²) C'est à peu près (sauf la fin) le titre de l'ancienne édition (vers 1480,
voir BRUNET, *Manuel*, sous ALDEBRANDIN): « Le livre pour la santé du corps
garder et de chascun membre pour soi garder et conserver la santé », et à la fin:
« Ci finist le livre que maistre Aldobrandin fist a la requeste du roy de France
pour la conservation de la santé du corps humain ».

(³) Voir ZAMBRINI, *Le opere volgari a stampa*, sous ALDOBRANDINO da Siena.

(⁴) Il n'y a aucun compte à tenir de l'attribution à Richard de Fournival
fournie par une copie écrite en Angleterre à la fin du XIV⁴ siècle (Musée brit.,
Sloane 2806).

(⁵) Sur l'identité possible, mais nullement démontrée, du médecin Aldebran de
Sienne ou de Florence avec un « Aldobrando da Siena », dont quelques poésies
italiennes sont conservées dans un ms. des Archives d'Etat de Florence, voir AD.
BARTOLI, *I viaggi di Marco Polo*, p. lxij-lxv.

Entre les Lombards, comme on disait jadis, qui, avant le milieu du XIII⁰ siècle, firent usage de la langue française, et tout au premier rang, tant pour l'importance historique que pour le mérite littéraire, il faut mettre un écrivain qui fut bon guerrier, bon légiste, et diplomate habile, qui eut une valeur réelle comme historien et comme moraliste, qui peut même prétendre au renom de poète. Je veux parler de ce Philippe de Novare qui, né vers 1195, écrivit, entre 1243 et 1247, l'histoire de la guerre de Frédéric II et de Jean d'Ibelin, seigneur de Baruth (¹), plus tard le *Traité de forme de plaid et des us et coustumes des Assises d'Outremer et de Jherusalem et de Cypre* (²), et enfin, dans sa vieillesse, vers 1265, l'aimable livre des *Quatre temps de l'âge de l'homme* (³), sans parler de nombreuses poésies dont quelques-unes seulement nous sont parvenues. Longtemps on l'avait considéré comme français, l'erreur d'un copiste ayant déguisé sa personnalité sous le nom de Philippe *de Navarre*: c'est à Gaston Paris qu'appartient le mérite d'avoir rétabli son surnom *de Novare*, et de lui avoir rendu sa nationalité (⁴). Disons cependant que, pour être né en Lombardie, Philippe de Novare n'en appartient pas moins à la littérature française, puisqu'il passa presque toute sa vie en Terre Sainte et en Chypre, dans un milieu français, et qu'il fait assez voir, par les citations et les allusions littéraires qui abondent en certains de ses écrits, que son éducation avait été purement française.

Brunetto Latini, dont on cite ordinairement le *Trésor* comme une preuve de l'usage du français par les Italiens, ne doit pas être allégué ici, car, si la phrase célèbre « por ce que la parleüre est plus delitable et plus commune a toutes gens » prouve l'estime en laquelle on tenait notre langue, elle ne prouve rien en particulier pour l'Italie, d'autant que l'auteur a bien soin d'ajouter un autre motif pour justifier le choix du français : c'est qu'il écrit en France. Martino da Canale a pour notre recherche une bien autre importance. Il était vénitien; il écrivait sa Chronique des Vénitiens (vers 1275) à Venise, pour ses compatriotes, et il n'hésita pas à l'écrire en français, répétant, avec une légère va-

---

(¹) Fait partie de la compilation publiée par M. G. Raynaud sous le titre de *Gestes des Chiprois*. Genève, 1887, Société de l'Orient latin.

(²) Imprimé par Beugnot dans les *Assises de Jérusalem* (in fol., 1841, publication de l'Académie des Inscriptions et Belles-lettres).

(³) Publié en 1888, par la Société des anciens textes français par M. Marcel de Fréville.

(⁴) *Romania*, XIX, 99; cf. une autre étude du même, intitulée *Les mémoires de Philippe de Novare*, dans la *Revue de l'Orient latin*, IX, 164.

riante, la parole de son contemporain Brunetto Latini: « por ce que la
lengue franceise cort parmi le monde et est (la) plus delitable a lire
et a oïr que nule autre ». Sa langue est du reste relativement pure.
Si l'on met à part Brunetto, vivant à Paris, et Philippe de Novare,
qui passa la plus grande partie de son existence parmi des gens de
France, on peut dire que Martin da Canale fut, entre les Italiens qui
écrivirent en français, l'un de ceux dont la langue est la plus correcte. Il ne se contentait pas d'écrire en prose; il se mêlait aussi de
« trouver » en vers: sa prière à saint Marc, patron de Venise, est d'une
bonne facture, et les fautes qu'on y peut relever peuvent être avec
probabilité attribuées à l'inattention du copiste qui nous a conservé
l'unique copie de la Chronique des Vénitiens.

On peut classer ici une sorte d'enseignement moral que nous a
conservé un ms. de Vienne daté de 1287. L'auteur, un certain « Enanchet » ou « Annanchet » (car le nom se trouve écrit des deux façons),
sur lequel nous n'avons aucune information, s'adresse à son fils, à qui,
dans une première partie, il donne de sages instructions. La seconde
partie, qui forme peut-être un ouvrage distinct, est intitulé « la doc-
trine d'amor », et n'est qu'une traduction partielle du célèbre *Tractatus
amoris* d'André le Chapelain. Certaines particularités du langage don-
nent à croire que l'auteur était lombard ou vénitien (¹).

Vénitien aussi était Marco Polo qui, en 1298, dicta dans la prison de Gênes ses merveilleux voyages à Rusticien de Pise. La rédaction
appartient visiblement à ce dernier qui, dans le prologue où il se
nomme a reproduit la forme même du préambule que vingt-cinq ans
plus tôt il avait mis en tête d'un abrégé de certains romans de la
Table ronde fait apparemment pour Edouard I d'Angleterre, au temps
(1270-1271) où celui-ci, non encore roi, se rendit à la Croisade (²).
La langue de cet abrégé, qui commence par l'histoire de Méliadus et
de Guiron le courtois, paraît sans doute fort différente de celle des
Voyages de Marco Polo. Mais il n'y a là qu'une simple apparence.
Les Voyages de Marco Polo nous sont parvenus par un manuscrit ita-

---

(¹) Voir AD. MUSSAFIA, dans *Comptes-rendus de l'Acad. de Vienne, cl. de
phil. et d'hist.*, XXXIX, 546-53 (1862); WOLF, *Memoires* de la même Académie,
XIII, 1ère partie, p. 178; RAJNA, *Studi di Fil. rom.*, V, 208. — Il y a environ
25 ans, M. Mussafia avait commencé l'impression de l'opuscule d'Enanchet. Il l'a
interrompu à la requête d'un collègue qui se réserve d'en faire un jour l'édition.

(²) Voir AD. BARTOLI, *I viaggi di Marco Polo*, p. lvj. Cf. P. PARIS, *Manuscrits françois de la Bibl. roy.*, II, 356, et WARD, *Catal. of romances in the
dep. of mss. in the British Museum*, I, 367.

lien ([1]) et dans la forme même (sauf quelques détails d'écriture) que leur a donnée Rusticien, tandis que les fragments qu'on a publiés de *Meliadus* sont tirés de manuscrits exécutés en France et où la langue de l'auteur a été plus ou moins corrigée. Que l'on prenne un manuscrit fait en Italie, et on verra la différence disparaître ([2]). Nous savons peu de chose de l'histoire de Rusticien. Nous pouvons supposer, toutefois, qu'il avait séjourné dans le nord de l'Italie et peut-être en France, car ce n'est vraisemblablement pas à Pise, en pays toscan, qu'il eût pu se familiariser avec la langue française.

Si nous avons peu de renseignements sur Rusticien de Pise, nous n'en avons aucun sur l'écrivain italien qui mit en français, pour un comte de « Militrée », qu'on n'a pas encore réussi à identifier, la chronique d'Isidore, celles d'Eutrope et de Paul Diacre, et enfin la chronique, perdue en original, d'Aimé, moine du Mont-Cassin, sur les Normands d'Italie, jusqu'en 1078 ([3]). Cette traduction a peut-être été faite dans le royaume de Naples, qu'elle devait intéresser particulièrement. Elle est d'un style très lourd et d'une langue très incorrecte. On peut l'attribuer à la seconde moitié du XIII° siècle.

([1]) Paris, Bibl. nat. fr. 1116, publié en 1824 par la Société de géographie; extraits dans l'appendice aux *Viaggi di Marco Polo*, édition Bartoli.

([2]) Voici, come preuve, le prologue de *Meliadus* d'après un ms. (Bibl. nat. fr. 1463) exécuté en Italie et probablement à Gênes. L'écriture paraît être de la fin du XIII° siècle : « Seingneur, enperaor et rois et princes et dux et quens et baronz, civalier et vauvasor et borgiois, et tous le preudome de ce monde que avés talenz de delitier voz en romainz, ci prenés ceste et le feites lire de chief en chief; si i troverés toutes lez granz aventures qui avindrent entre li chevaliers herrant dou tenz li roi Huterpandragon jusque au tenz li roi Artus son fis, et des compains de la table reonde. Et sachiez tot voirement que cestu romainz fu treslaités dou livre monseingneur Odoard li roi d'Engleterre a celui tenz qu'il passé houtre la mer en servise nostre sire Damedeu pour conquister le saint seponcre, et maistre RUSTICIANS de Pise, liquels est imaginés desoure, compilé ceste romainz, car il en treslaité toutes les trés mervillieuse novelles qu'il truevé en celui livre et traitera tot sonmeemaut de toutes les granz aventures dou monde; mais si sachiez qu'il traitera plus de monseingneur Lanseloth o dou Lac et de monseingneur Tristam, le fiz au roi Meliadus de Leenois que de nul autre; por ce que san faille il furent li meillor chevaliers que fussent a lour tenz en terre. Et li maistre dira de cist deus plusor choses et plusor battailles que furent entr'aus que ne trueverés escrit en trestous les autres livres, pour ce que li maistre le truevé escrit en livre dou roi d'Engleterre... »

([3]) Ce dernier ouvrage a été publié deux fois: en dernier lieu par l'abbé DELARC, *Ystore de li Normant par Aimé, évêque et moine au Mont-Cassin*, Rouen, 1892.

C'est à la même époque, et à l'Italie septentrionale qu'il convient de rapporter une petite composition française, qui n'a été jusqu'à présent signalée qu'en passant, dans un opuscule de circonstance ([1]), et qui n'est pas sans intérêt pour l'histoire de la littérature toscane du XIIIe siècle. A la fin de ce siècle appartient le curieux recueil de contes romanesques empruntés à des sources françaises et provençales en partie perdues ([2]), que Fanfani a publiés en 1851 sous le titre de *Conti di antichi cavalieri*, d'après un ms. de la famille Martelli. Depuis lors, une édition plus exacte a été faite du même texte par M. Pasquale Papa ([3]), et un deuxième ms., assez sensiblement différent du précédent, a été découvert à la Bibl. nat. de Florence ([4]). Or il existe de plusieurs de ces contes un texte français, assurément rédigé dans l'Italie septentrionale. Ce sont les contes numérotés, dans l'édition de Fanfani, XVI (César), XVII (Regulus), XVIII (Brutus), I-IX (Saladin et le jeune roi), XIX (Brunor). Ce n'est pas ici le lieu de discuter les questions que soulève cet opuscule: je me contenterai d'en donner en note un court échantillon ([5]).

Il a pu arriver que le même écrivain se soit servi de la langue française ou de son dialecte propre, selon les personnes p r qui il écri-

---

([1]) Composé en provençal et tiré à 36 exemplaires, à l'occasion du premier mariage de G. Paris, en 1885.

([2]) Quelques-uns de ces contes, relatifs à l'histoire romaine, ont une source latine. Voy. E. MONACI, *Sul « Liber ystoriarum Romanorum »*, dans *Archivio della R. Società Romana di Storia patria*, XII (1889), 176.

([3]) *Giorn. stor. della lett. ital.*, III, 192.

([4]) *Ibid.*, VIII, 487.

([5]) Je choisis le chap. VI de Fanfani:

Bibl. nat., fr. 686, fol. 247.	*Giorn. stor.*, III, 202.
Un çor, demorant le roi Johans con autres cevaliers, [vint] devant suen pier; il estoit jovne, ond che il n'estoit ancor chevalier. Un chevalier molt cremosement demanda un don ao roi. Le roi ne respondoit, ond le chevalier, atendant la response, se vergogna davant lui. E li chevaliers che estoient au roi Johans li distrent tous ensamble: « Voir est che la gregnor vergogne dou monde est a cherir l'autrui ». Le rois Johans respondi: « Gregnor vergogne est a non doner a cui besogne ».	Un di, stando el re giovene con altri cavaliere, venne denançe al padre, ed era anchi giovene, si che cavalieri non era. Uno cavalieri venne denançe al padre e temorosamente li domandò un dono. El re non respondendo, el cavaliere molto temorosamente la risposta aspectando stava avante lui. E cavalieri ch'erano collo re giovene l'ora dissero tucti: « Vero è che la majure vergogna ch'al mondo sia è da dimandare l'altrui ». El re giovene rispuse: « Magiur vergogna è a cui bisogna non dar lo ».

vait. Le ms. fr. 821 de la Bibliothèque nationale de Paris, écrit dans le nord de l'Italie aux environs de l'an 1300, renferme, entre autres opuscules, une traduction en prose de la *Consolation* de Boëce dont l'auteur s'exprime ainsi dans son préambule: « et por ce l'ai translaté en vulgar françois, si come autrefois l'ai mis en vulgar latin ». Evidemment le « vulgar latin » désigne un dialecte italien (¹).

12. Bien que les poèmes franco-italiens aient été l'objet de plusieurs bons travaux, il n'en est pas moins vrai qu'il est difficile, en certains cas impossible, d'en fixer la succession dans l'ordre des temps. L'état de la langue n'est pas ici un indice sûr, puisqu'il dépend surtout du degré d'instruction des écrivains, et par conséquent peut varier considérablement à la même époque et dans le même pays. Essayons cependant de ranger ces poèmes dans l'ordre de leur apparition.

Le ms. 3645 de la Bibliothèque de l'Arsenal, dont nous avons parlé plus haut (§ 8), renferme trois poèmes en français: 1º une prière à Jésus-Christ, à la Vierge et à saint Michel, en tirades monorimes composées de vers alexandrins; 2º un poème sur l'Antéchrist et le Jugement dernier en vers octosyllabiques; 3º une vie de sainte Catherine dans la même forme. Le premier article n'appartient certainement pas à la littérature franco-italienne: c'est une poésie composée en France et transcrite par un italien. Pour le second poème, il y a doute. La langue en est fort correcte. Ce qui pourrait conduire à y voir l'œuvre d'un italien, c'est qu'il est précédé d'un court prologue dont l'auteur s'excuse en quelque sorte d'employer le français, en disant qu'il lui semblerait étrange de ne pas se servir de cette langue qu'il a apprise en son enfance. Quelque opinion qu'on adopte sur l'origine du poème, dont nous ne connaissons aucune autre copie, ce prologue mérite d'être imprimé ici:

> Por ce que je say le françois
> Et que je soy parler ançois
> Franchois que nul altre lengaje,
> Si me samble strange e sauvaje
> De ce que j'apris en enfançe (²)
> Laiser, car le langages de Françe
> Est (³) tels, qi en primer l'aprent
> Ja n'i pora mais autrement

(¹) On peut voir sur cette version P. PARIS, *Manuscrits françois*, V, 344-6 et L. DELISLE, *Biblioth. de l'Ecole des ch.*, XXXIV (1873), 16-7.

(²) Le ms. porte *De ce que je ai pris en enfrançe.*

(³) Ms. *en.*

> Parler né autre langue aprendre.
> Por ce ne me doit nus reprendre.
> Qui m'oie parler en françois
> Que j'apris [a] parler anchois.

Ces vers, un peu pénibles, sont bien d'un italien. Le poème qui suit a-t-il la même origine, quoique d'un meilleur style? Il le semble bien, puisque l'auteur du prologue se donne aussi pour l'auteur du poème. En outre dès le premier vers, le poète insiste sur l'idée qu'il écrit en français:

> Or vos voil en françois retrahire
> Tel chouse qe mout pora faire
> Grant bien a ceus qi l'entendront
> Et qi en memoire tendront
> L'istoire qe j'ai en talent
> A dire por Deu solement.

Et plus loin, indiquant sommairement les sources latines où il a puisé, le poète dit:

> E sai ce que Sebile en dit
> En un libre qui est escrit
> A Rome o je l'ai bien veü.

Ce qui donne à cette composition un intérêt particulier, c'est que nous savons qu'elle est antérieure à 1251. A la suite, en effet, se trouve l'explicit transcrit plus haut, qui vient évidemment d'un ms. antérieur, la copie de l'Arsenal étant des dernières années du XIIIe siècle ou du commencement du XIVe. Evidemment cet explicit a été copié d'après le ms. qui servait de modèle.

La vie de sainte Catherine qui suit est-elle du même auteur? Je n'oserais l'affirmer; toutefois l'origine italienne n'en saurait être mise en doute. L'auteur avait trouvé à Rome, dans un « passional », la matière de son récit:

> Je vi a san Silvestre, a Rome,
> En un passional escrite
> La passion tota e la vite...
> En cel tens que l'en vos a dit,
> Si com je trovai escrit
> El libre que je vi a Rome...

Je n'en dirai pas plus sur cette vie de sainte Catherine, dont on a publié des fragments (¹), et je passe à des poèmes dont la langue est plus mélangée de formes italiennes.

____

(¹) M. le prof. MUSSAFIA, dans son mémoire *Zur Katharinenlegende* (Comptes-rendus de l'Ac. des sciences de Vienne, class. de phil. et d'hist., LXXV, p. 249),

Le ms. Bibl. nat. fr. 821, déjà cité dans les pages précédentes, renferme (fol. 52 et suiv.) un poème sur la passion du Christ que précède cette rubrique : « Ceste est la ystoire dou nostre seignor Jhesu « Crist, et coment il soufri passion et torment et mort por sauvement « de la humaine generation, et por gieter les armes hors dou limbe « d'enfer qui estoient en tenebres ». Les vers sont, en principe, octosyllabiques, mais, en fait, beaucoup dépassent cette mesure. Les rimes manifestent souvent des incorrections dont il n'est pas permis de charger le copiste. Une courte citation, prise du commencement, donnera une idée du style et de la langue de l'auteur, et nous fera savoir qu'il a entrepris cette composition en l'honneur de sa dame :

> Celi qe sa qe tot est nient
> Se no a servir au roi omnipotent,
> M'a fait garder en ma memoire,
> Tant ai eslit toutes les ystoire,
> La plus veraie et la meilor :
> Ce est celle dou nostre seignor
> Jhesu Crist, le douz fil Marie,
> Qi a dou tout sa seignorie ;
> Et jou por li espanderoie
> Avant ce que je savroie,
> Por ce qe tuit poissent anprendre,
> Se il vuelent garder et entendre ;
> Et se il ne vuelent je n'en pois mais,
> Estier tant qe je prierais
> Le douz Seignor por sa merce,
> Lequel est mais que nuls hom ne cre
> Pleins de douçor et de fin amor.
>
> . . . .
>
> Aisi com l'ai apris en la scriture,
> L'ai mis en roman tout a droiture
> Por la membrance d'une pucele
> Qi est franche, cortoise et belle :
> Ce est ma dame, de cui hom sui,
> Ca ne vois, la sage, et por cui
> Avront les buens joie et confort
> De garentir ses armes (s'arme ?) de mort.

Les derniers vers sont obscurs. Que signifie *ca ne vois*? Faut-il lire [*de*] *Canevois* (le vers serait trop long, mais ici ce n'est pas une

---

où il a montré que cette vie franco-italienne était la source d'une rédaction italienne faite au XIV⁰ siècle. Et depuis on en a trouvé un autre *rifacimento* en italien (*Studj di filologia romanza*, VII, 1).

objection), et faut-il supposer que la « pucelle » dont l'auteur se déclare le vassal était dame du *Canavese*? Nous signalons ce petit problème à l'attention des érudits compétents. Bornons-nous à dire que le poème ne peut guère être postérieur aux dernières années du XIII° siècle, le manuscrit étant visiblement du commencement du XIV°.

Nous connaissons deux autres poèmes franco-italiens sur la Passion du Christ: l'un par Nicolas de Vérone sera mentionné plus loin; il appartient vraisemblablement au milieu du XIV° siècle; l'autre, qui paraît être du même temps ou un peu postérieur, est en vers de dix syllabes (sauf nombreuses irrégularités). Il est parsemé de citations latines et la langue en est très barbare. Le ms. est daté de 1371 ([1]).

Nous avons maintenant à énumérer quelques œuvres profanes qui, au point de vue de l'histoire littéraire, offrent plus d'intérêt que les compositions religieuses.

Nous avons vu plus haut que le Roman de Troie, par Benoit de Sainte More, avait été fort répandu en Italie. C'est comme une sorte d'appendice à ce célèbre poème que fut composé, apparamment dans la seconde moitié du XIII° siècle, et sûrement en Lombardie ou en Vénétie, un roman en vers octosyllabiques qui peut être intitulé indifféremment roman d'Hector ou roman d'Hercule. On en trouve des copies à Venise ([2]), à Florence ([3]), à Paris ([4]), à Oxford ([5]). La langue en est peu correcte: elle l'est cependant plus que celle de la plupart des poèmes que nous allons passer en revue.

L'épopée carolingienne, de bonne heure importée de France, avait trop vivement frappé l'imagination des Italiens, pour qu'on n'essayât pas en Lombardie et en Vénétie de composer de nouveaux poèmes sur la matière de France, et, naturellement, on les composa d'abord en

---

([1]) Venise, San Marco, fr. VI. Vient des Gonzague (n° 42 du catal. de 1407). AD. KELLER en a publié une centaine de vers dans son *Romvart*, pp. 23-26 et BOUCHERIE en a donné le texte entier, d'après une copie fournie par l'abbé Valentinelli, le conservateur de la Marciana, dans le t. I de la *Revue des langues romanes*.

([2]) San Marco, fr. XVIII. Vient de la Bibliothèque des Gonzagues (catal. de 1407, n° 29); cf. *Romania*, IX, 509. Le poème a été publié d'après ce ms. par A. BARTOLI, *I codici francesi della Bibl. Marciana*, p. 11 (Extrait de l'*Archivio veneto*, t. III). Cf. GORRA, *Testi inediti di Storia Troiana*, p. 264.

([3]) Riccardiana, 2433.

([4]) Bibl. nat., fr. 821.

([5]) Bodléienne, Canonici misc. 450; voir P. MEYER, *Documents mss. de l'anc. littér. de la France conservés dans les Bibliothèques de la Grande Bretagne*, pp. 159 et 245.

français. Mais les « trouveurs » de ces pays, qui imitèrent de plus ou moins loin nos chansons de geste, avaient, pour la plupart, peu de talent, et ne possédaient du français qu'une connaissance bien superficielle. Après tout leur langue fortement imprégnée d'italien devait être plus intelligible à leurs compatriotes que le pur français; il se peut même que ce jargon hybride ait contribué au succès de ces médiocres compositions (¹).

On peut distinguer ici deux classes: 1° les poèmes qui suivent de plus ou moins près les modèles français, qui en reproduisent la substance sous une autre forme; 2° les poèmes originaux qui, bien qu'inspirés des œuvres françaises, ne sont cependant pas dépourvus d'invention (²). Dans la première classe prend place le ms. fr. XIII de Venise (première moitié du XIV⁰ siècle), maintes fois étudié et dont on a publié ou analysé d'importants morceaux: *Beuve d'Hanstone* (³), *Berte au grand pied* (⁴), *Karleto* (⁵), *Berte et Milon* (⁶), *Ogier le Danois* (⁷), *Macaire* (⁸). Dans la classe des poèmes véritablement originaux il faut

---

(¹) Dans certains poèmes la proportion de l'italien (il s'agit bien entendu de l'italien du nord, non du toscan) est notablement plus forte que celle du français. Telle est la langue de certains poèmes religieux publiés par M. MUSSAFIA dans ses *Monumenti antichi di dialetti italiani* (1864, Académie de Vienne).

(²) Voir GUESSARD, dans la *Bibl. de l'Ecole des Chartes*, 4⁰ série, t. III, p. 393. La description donnée par Guessard doit être complétée par les observations de G. PARIS, *Hist. poétique de Charlemagne*, p. 166 et suiv.

(³) G. PARIS (*Hist. poét. de Charl.*, p. 166) croyait que ce poème était la transcription d'une chanson de geste française, mais M. RAJNA a montré que c'était le remaniement très libre d'une ancienne rédaction française, et non une copie. (*Rivista filologico-letteraria*, t. II, p. 65 et suiv.; *Ricerche intorno ai Reali di Francia*, I, 141). Des fragments d'une autre rédaction franco-italienne ont été trouvés à Udine et à Florence (le fragment de Florence est plus italien que celui d'Udine) et ont été publiés par M. RAJNA, *Zeitschr. f. rom. Phil.*, XI, 152 et suiv.

(⁴) Poème publié par M. MUSSAFIA, *Romania*, III, 339.

(⁵) Remaniement d'un poème français de *Mainet* dont nous n'avons plus que des fragments. Voir G. PARIS, *Hist. poét. de Charl.*, p. 169, et *Romania*, IV, 307. Le *Karleto* a été analysé en détail par M. RAJNA, dans un article (*La leggenda della gioventù di Carlo Magno*) de la *Rivista filologico-letteraria*, II (1872), 65.

(⁶) G. PARIS, *Hist. poét. de Charl.*, p. 170.

(⁷) Voir RAJNA, *Romania*, II, 153 et suiv.

(⁸) Poème publié par M. MUSSAFIA (*Altfranzösische Gedichte aus Venezianischen Handschriften,* Wien, 1864) et par GUESSARD, dans le *Recueil des anciens poètes de la France*, t. IX, 1866. Guessard croyait que le texte de Venise était simplement la copie dénaturée d'un poème français, et il en a en conséquence tenté la restitution en regard du texte franco-italien; mais cette restitution même, qui contient des rimes tout à fait inadmissibles, prouve que la leçon de Venise était un remaniement très libre et non dépourvu d'originalité.

ranger l'*Entrée de Spagne*, par un padouan anonyme ([1]), et sa conti-
nuation, la *Prise de Pampelune*, par Nicolas de Vérone ([2]). Ce Nicolas
est, entre les auteurs de poèmes franco-italiens, celui sur lequel nous
possédons le plus de renseignements précis. Nous savons qu'il composa
un poème sur la passion du Christ, au début duquel il fait une vague
allusion à de précédents ouvrages composés par lui en français :

> Seignour, je vous ai ja, pour vers e pour sentance,
> Contié maintes istoires en la lingue de France ([3]).

Mais il a composé un troisième poème, la *Pharsale* ([4]), où il a eu le
bon esprit de nous donner des détails circonstanciés sur lui-même. Il

([1]) Poème analysé par L. Gautier, *Bibliothèque de l'Ecole des Chartes*,
4e série, t. IV, p. 217. Une édition de cet ouvrage sera publiée prochainement
par la Société des anciens textes français. L'unique ms. qui en subsiste est le ms.
fr. XXI de San Marco qui vient des Gonzagues (catal. de 1407, n° 53). Les Gonzagues possédaient deux autres mss. du même poème (n°s 54-57) que nous n'avons
plus. Les n°s 54-56 (dans l'ordre suivant: 56, 55, 54) formaient un seul exemplaire.
Voir A. Thomas, *Nouvelles recherches sur l'Entrée de Spagne*, Paris, 1882, p. 34.

([2]) Venise, San Marco, fr. V, ms. Gonzague (catal. de 1407, n° 58). G. Paris
a cru que ce poème et l'*Entrée de Spagne*, étaient du même auteur qu'il appelait
Nicolas de Padoue (*Hist. poét. de Charl.*, pp. 173-4), se fondant sur une identité
de langage qui est purement imaginaire. Cette opinion fut aussitôt contestée par
des arguments décisifs (P. Meyer, *Recherches sur l'épopée française* dans la *Bibl.
de l'Ecole des Chartes*, 6e série, t. III, p. 312-315). Depuis, M. Thomas a prouvé
définitivement que les deux poèmes sont de deux auteurs bien distincts; le poète
de *Entrée d'Espagne* était de Padoue et a gardé l'anonyme; le poète de la *Prise
de Pampelune* était Nicolas de Verone (*Nouvelles recherches*, etc., p. 15 et suiv.;
cf. le compte-rendu de ce mémoire par G. Paris, *Romania*, XI, 147).

([3]) Le manuscrit unique de cette *Passion* vient des Gonzagues (n° 8 du catal.
de 1407). A la suite de vicissitudes qui ne nous sont pas connues, il était entré
dans la Bibliothèque de feu Rouard, conservateur de la Bibliothèque Méjanes, à
Aix en Provence. Je l'eus quelques jours entre les mains lors de la vente des
livres de Rouard en 1879 (n° 1479 du catalogue de vente, chez Morgand et Fatout)
et j'en copiai les 195 premiers vers que M. Thomas a publiés dans ses *Nouvelles
recherches sur l'Entrée de Spagne*, p. 23 et suiv. Il a été acheté en 1893 par la
Marciana, voir Ciampoli, *I codici francesi della R. Biblioteca di San Marco*, p. 172.

([4]) Le manuscrit appartient à la Bibliothèque de Genève. Il avait autrefois
fait partie de la collection des Gonzagues (n° 11). Voir *Die Pharsale des Nicolas
von Verona*, von H. Wahle, Marburg, 1888, et cf. A. Thomas, *Romania*, XVIII, 164.
La publication de la *Pharsale* a été, pour M. le prof. V. Crescini, l'occasion de
nouvelles recherches sur Nicolas de Verone. D'un document publié par ce savant
il résulte que cet écrivain était « legum doctor » et faisait partie du collège des
juristes de Padoue (*Di Nicolò da Verona*, dans les *Atti dell'Istituto Veneto di
scienze, lettere ed arti*, 7e série, t. VIII).

— 33 —

nous apprend en effet qu'il a composé la *Pharsale* en 1343 pour son
seigneur Nicolas d'Este († 1345). Il écrivait donc dans la première
moitié du XIVe siècle, et par suite nous devons admettre que l'*Entrée de Spagne*, qu'il a entrepris de continuer, devait être quelque peu
antérieure.

En 1358, quinze ans après l'époque où Nicolas de Vérone dédiait
sa *Pharsale* à un prince de la maison d'Este, un autre Nicolas, celui-ci surnommé *de Casola*, notaire bolonais, offrait à Aldobrandino III
d'Este son vaste poème d'Attila, en un français étrangement corrompu,
connu jusqu'à présent par de courts extraits, mais sur lequel M. Giulio
Bertoni, de Modène, annonce une publication prochaine ([1]).

Il est, dans l'état actuel de nos connaissances, assez difficile de
classer le poème de Huon d'Auvergne (ou de *Ugo d'Alvergna*) dont
il nous est parvenu deux rédactions franco-italiennes. La première est
conservée en deux mss.: l'un, le plus ancien (il est daté de 1341) et
le meilleur, fait partie de la collection Hamilton à Berlin ([2]), l'autre
appartient à la Bibliothèque nationale de Turin ([3]). Ces deux mss. ne
renferment que la seconde partie de l'ouvrage. L'autre rédaction est
représentée par un ms. de Padoue ([4]). Assurément ce poème est imité
d'un original français, sur lequel nous possédons divers témoignages.
Il y a plus: le remanieur italien cite l'auteur de cet original, un certain Odinel ([5]), mais dans quelle mesure a-t-il imité, dans quelle
mesure a-t-il fait œuvre personnelle, nous ne pouvons le savoir, puisque
le poème français est perdu.

([1]) *La Biblioteca Estense e la coltura ferrarese ai tempi del duca Ercole I*,
Torino, 1903, p. 5, note 3. Signalé au XVIIIe siècle par QUADRIO, *Storia e ra-
gione d'ogni poesia*, IV, 588, puis par Tiraboschi, éd. de Milan, V 700, le ms.
unique de ce poème, qui appartient à la Bibliothèque d'Este, à Modène, a été
décrit par P. HEYSE, *Romanische inedita aus italienischen Bibliotheken*, Berlin,
1856, p. 163; et par M. J. CAMUS, *Revue des langues romanes*, 4ᵉ série, t. IV,
p. 185. Un épisode en a été publié par M. FR. D'OVIDIO, *Il padiglione di Foresto*,
dall'Attila flagellum Dei, *poema di Niccolò da Casola, bolognese*. Imola, 1871,
per nozze d'Ancona-Nissim.

([2]) C'est un ms. Gonzague: n° 21 du catal. de 1407 (*Romania*, IX, 508). Il
a été l'objet d'une notice par M. Tobler, Comptes-rendus de l'Ac. de Berlin, classe
de phil. et d'hist., séance du 29 mai, 1884. Cf. RAJNA, *Zeitschr. f. rom. Phil.*, XI,
157, note 1.

([3]) Etudié par M. GRAF, *Giornale di filologia romanza*, I, 92, à une époque
où le ms. Hamilton n'avait pas encore été signalé. Cf. G. PARIS, *Romania*, VII, 626.

([4]) Voir CRESCINI, *Propugnatore*, XIII, 2. Une édition de *Huon d'Auvergne*,
par M. CRESCINI, a été annoncée jadis, *Giorn. stor. della letterat. italiana*, III, 475.

([5]) TOBLER, Mémoire cité, p. 617 (p. 13 du tirage à part).

La même question se pose pour le *Rainaldo e Lisengrino* publié par M. Teza, d'après un ms. Canonici de la Bodléienne (Pise, 1869), et dont une autre rédaction a été publiée, en 1879, par M. Putelli, d'après un ms. d'Udine (¹). Le premier de ces textes est déjà à peu près aussi italien que français: le second, qui a conservé plus ou moins modifiés beaucoup de vers du premier, est presque totalement italien, ou, pour parler avec plus de précision, vénitien. Nous avons là un curieux exemple (et ce n'est pas le seul) du peu de stabilité de ces textes franco-italiens, que les copistes tendaient à rapprocher de plus en plus du dialecte local. Il est certain que ces deux rédactions reproduisent pour la teneur générale du récit, l'un des plus anciens contes de Renart, celui de la branche I de l'édition Martin. Mais ils n'en dérivent pas: ils en représentent un état plus ancien. Si on admet l'opinion de M. Martin, selon laquelle ce récit aurait pénétré en Italie par voie orale (²), il faudra accorder au rimeur italien auteur de la rédaction la plus ancienne (celle qu'a publiée M. Teza), une assez grand part d'originalité.

Beaucoup des poèmes que nous venons de passer en revue n'existent plus que dans un ms. unique: leur conservation à travers des âges où on les lisait plus est due à des circonstances fortuites: à la beauté des miniatures qui les ornaient, au goût pour les livres qu'avaient certains seigneurs. Il y avait de nombreuses chances pour qu'ils fussent depecés et utilisés par les relieurs — tel a été le cas de plusieurs manuscrits dont nous n'avons plus que des fragments — ou pour qu'ils disparussent sans laisser de traces. Ceux qui ont subsisté sont évidemment le petit nombre. La publication des anciens catalogues a montré que des bibliothèques des Gonzagues, des seigneurs de Milan et d'Este, nous n'avons plus que la moindre partie, et pourtant ces collections princières furent longtemps entourées de soins. Que penser des collections moins importantes ou des manuscrits isolés! Plus on étudie ce qui nous reste de la littérature franco-italienne, plus on y reconnaît de lacunes (³). Toutefois les éléments dont nous disposons

---

(¹) *Giornale di filologia romanza*, II, 153. Les deux textes ont été réimprimés en regard l'un de l'autre par M. E. MARTIN dans son édition du *Roman de Renart*, I, 358 et suiv.

(²) *Observations sur le Roman de Renart*, Strasbourg et Paris, 1887, p. 99. Cette opinion a été contestée par M. SUDRE, *Les sources du Roman de Renart*, Paris, 1893, pp. 91-2.

(³) Voir, par exemple, RAJNA, *Propugnatore*, III, 1ʳᵉ partie, p. 213, et suiv., 2ᵉ partie, p. 58 et suiv.

suffisent à délimiter à peu près la période où cette littérature fut florissante.

L'examen des ouvrages composés ou simplement remaniés par des écrivains italiens nous amène à fixer approximativement entre les années 1230 et 1350 l'époque où le français fut langue littéraire pour l'Italie septentrionale. C'est la conclusion à laquelle nous étions déjà parvenus en cherchant à déterminer le temps où avaient été exécutés les manuscrits français dont l'écriture trahit une main italienne. Ainsi l'histoire et la paléographie conduisent aux mêmes résultats. Et déjà, en 1332, le témoignage du juriste padouan Antonio da Tempo attestait que la langue toscane « était plus appropriée à la littérature que les autres langues » (¹), où il faut sous-entendre « en Italie ». Mais toutes les armées ont leurs traînards ; tous les genres littéraires ont leurs fidèles attardés. Au temps de Molière certains faisaient encore des ballades, et le XIXᵉ siècle a vu paraître bien des poèmes épiques en douze chants. De même en Italie. En 1379 un certain Raphaël Marmora, que l'on suppose avoir été véronais, entreprit, vraisemblablement pour sa satisfaction personnelle, car l'unique manuscrit de son œuvre ne porte aucune dédicace, un vaste roman en prose, dont le héros était Aquilon de Bavière, fils du duc Naime. Il le donne comme traduit d'un écrit « in lingue africhane » et de Turpin. En fait c'est une œuvre de pure imagination, fort médiocre comme invention et comme style, curieuse seulement par les allusions très nombreuses qui y sont faites à des œuvres françaises ou franco-italiennes, dont beaucoup ne sont pas parvenues jusqu'à nous. Il n'apporta pas une grande activité à la rédaction de son roman, car il ne la termina qu'en 1407. M. Ant. Thomas, qui a découvert ce singulier ouvrage et l'a fait connaître par une analyse très précise, accompagnée de savantes remarques (²), l'a judicieusement apprécié. Il y voit avec raison la fin d'une littérature. Au temps même où Raphaël Marmora écrivait, les compositions françaises n'étaient plus à la mode. On se délectait encore à entendre l'histoire romanesque de Charlemagne et de ses héroïques compagnons d'armes, mais déjà on la contait en pur toscan, soit en prose, soit en vers. Marmora n'a pu l'ignorer, puisque, par une concession au nouvel usage, il a ajouté à son œuvre un prologue et un épilogue en octaves italiennes.

(¹) « Lingua tusca magis apta est ad litteram sive literaturam quam aliae linguae ». *Delle rime volgari*, ed. Grion, p. 174. Il faut dire qu'Antonio da Tempo avait surtout en vue les poésies à forme strophique.

(²) *Romania*, XI, 538. Le ms. est au Vatican, fonds Urbinas, n° 381.

13. Toutes les œuvres que nous avons passées en revue appartiennent à l'Italie du Nord ([1]), sauf peut-être la traduction de la Chronique du Mont-Cassin sur l'origine de laquelle nous sommes mal renseignés, et qu'on ne serait pas éloigné, en raison du sujet, d'attribuer à l'Italie méridionale. Nous avons dit précédemment que l'établissement des Angevins à Naples ne paraissait pas avoir eu pour résultat la formation d'un centre littéraire français bien actif dans la région napolitaine. Cependant il y faut revenir afin de résumer le peu que nous savons de l'emploi du français à la cour de Charles d'Anjou et de ses successeurs.

A partir de 1265 l'immigration française fut considérable dans l'Italie méridionale. Ecoutons M. Durrieu, l'un des hommes qui ont le plus et le mieux étudié les archives des Angevins, à Naples. « Le « succès de l'entreprise de Charles d'Anjou n'a pas seulement eu pour « résultat d'amener un changement de dynastie, de substituer, sur le « trône de Naples, des Capétiens aux princes de la maison de Souabe; « il a encore déterminé un véritable essai di colonisation par les Français « des provinces méridionales de l'Italie. Une fois vainqueur, le frère « de Saint Louis s'est efforcé, par ses largesses, de fixer auprès de lui, « dans ses nouveaux états, tous ces compagnons d'armes qui l'avaient « si vaillamment secondé. Plus tard, il n'a jamais laissé échapper l'oc- « casion d'augmenter le chiffre de ces immigrés, comblant de dons et « d'honneurs les chevaliers qui venaient le rejoindre dans la Péninsule, « faisant transporter en bloc, de Provence, des groupes de familles « bourgeoises destinées à peupler Lucera ([2]), ou encore adressant des « circulaires aux étudiants de Paris et d'Orléans, afin d'essayer de les « attirer à Naples » ([3]).

([1]) Notons en passant que l'usage de composer en français ne semble pas s'être établi en Toscane (Rusticien de Pise paraît avoir vécu dans l'Italie du nord), de sorte que la fière invective de Dante (*Conv.*, I, xi) contre les « malvagi uomini d'Italia, che commendono lo volgare altrui e lo proprio dispregiano », ne s'adresse pas à ses compatriotes.

([2]) A l'appui de cette assertion de M. Durrieu on peut rappeler que deux villages de la province de Foggia, à savoir Faeto et Celle, conservent encore l'usage d'un dialecte certainement importé de France au temps de Charles Ier. Voir Morosi, *Il dialetto franco-provenzale di Faeto e Celle nell'Italia meridionale* (*Arch. Glott.*, XII, 33).

([3]) P. Durrieu, *Les Archives angevines de Naples. Étude sur les registres du roi Charles Ier, 1265-1285* (in-8°, 2 volumes, Bibliothèque des Ecoles françaises d'Athènes et de Rome, fasc. 46 et 51), t. II, p. 217.

Ainsi s'exprime M. Durrieu, et son second volume, dont une grande partie est occupée par des listes de Français établis, à des titres divers, dans le royaume de Sicile sous Charles Ier, montre quelle extension prit l'occupation française.

Le gouvernement étant en des mains françaises, il ne faut pas s'étonner si la langue des conquérants fut employée pour l'usage administratif dans la même mesure qu'en France. Le latin restait la langue des actes solennels et des correspondances officielles, mais les comptes, les simples mandements, les quittances étaient rédigés en français [1]. Ce n'est pas là une preuve de l'expansion du français, car les écrivains de qui émanent ces documents avaient été amenés de France, comme on peut le vérifier par les fac-similés de deux pages de comptes joints par M. Durrieu à sa publication [2]. On trouverait un argument plus sûr de l'emploi du français comme langue officielle dans le fait que lorsque, au milieu du XIVe siècle, à une époque où la dynastie angevine était pour ainsi dire devenue italienne, fut fondé par Louis d'Anjou, prince de Tarente, époux de la reine Jeanne, l'ordre du Saint-Esprit, c'est en français que les Statuts furent rédigés [3]. Toutefois, c'est là un témoignage bien isolé, car, sous Charles II déjà, dans les dernières années du XIIIe siècle, beaucoup de familles françaises s'étaient éteintes ou avaient quitté le pays, et le français était de moins en moins employé dans l'usage administratif [4].

Il ne paraît pas, du reste, que les princes de la maison d'Anjou aient exercé dans le sud de l'Italie aucune influence littéraire. Je n'ai trouvé jusqu'à présent qu'un seul ouvrage français composé dans le royaume de Naples : c'est une traduction des lettres de Sénèque, faite

[1] P. Durrieu, *Notice sur les registres angevins en langue française conservés dans les archives de Naples,* (dans les *Mélanges d'archéologie et d'histoire p. p. l'École française de Rome,* t. III). Cf. le même *Arch. angev. de Naples,* II, 8.

[2] *Arch. angev. de Naples,* planches IV et V du t. II.

[3] *Statuts de l'ordre du Saint-Esprit, institué à Naples en 1352 par Louis d'Anjou, roi de Naples et de Jérusalem ;* manuscrit du milieu du XIVe siècle conservé au Louvre, dans le Musée des Souverains français, reproduction fac-simile en or et en couleurs, avec une notice sur la peinture des miniatures et de la description du manuscrit, par le comte Horace de Vielcastel, Paris, 1853, in fol. Le Musée des souverains, création éphémère du second empire, fut supprimé en 1872 et le ms. des Statuts fut rendu à la Bibliothèque nationale, d'où il avait été enlevé, lors de la création du Musée. C'est le n° 4274 du fonds français. L'écriture et l'ornementation sont italiennes.

[4] Voir les dernières pages de la notice de M. Durrieu sur les registres angevins en langue française.

par un italien à la demande de « Bartholomy Sygnilfe, de Naples, comte
de Caserte et grant chambellan du roiaume de Sezille ». Ce personnage
n'est point inconnu, et il est par suite facile de déterminer, avec une
approximation suffisante, la date de la traduction. Bartolomeo Siginulfo
appartenait à une grande famille. Il était frère de Sergio Siginulfo qui
fut grand amiral de mai 1305 jusqu'à sa mort, en juin 1306 (¹). Il
paraît même avoir été titulaire, pendant quelques mois, de cette même
charge sans toutefois en exercer les fonctions (²). Il possédait en effet,
un autre office: celui de grand chambrier, supprimé à la mort du dernier titulaire, Jean de Monfort (1ᵉʳ décembre 1300), mais rétabli pour
lui en 1302 (³).

Ce Siginulfo eut une carrière agitée. Léon Cadier résume ainsi
qu'il suit son histoire, d'après les travaux de Camera (*Annali delle
due Sicilie*), Tutini (*Degli ammiranti*), Minieri Riccio (*Saggio di
codice diplomatico, De' grandi uffiziali*, etc.): « Bartolomeo Siginulfo
« était d'abord entré dans les ordres et avait obtenu un canonicat à
« la cathédrale de Naples, puis avait été nommé abbé de S. Andrea
« di Capua. Ayant quitté l'état ecclésiastique, il fut nommé valet de
« la chambre du roi Charles II. Il avait été élevé par le roi comme
« son propre fils et avait été l'objet de ses faveurs spéciales, et le
« prince Philippe avait servi de parrain à ses enfants. Accusé d'adul-
« tère avec Thamar, première femme du prince de Tarente, il avait
« réussi à se disculper. Mais, après la mort du roi Charles II, il fut
« convaincu d'avoir tenté de faire assassiner le prince de Tarente, ca-
« pitaine général du royaume, et, cité à comparaître devant la cour,
« il se réfugia dans son château de Saint Angélo, près de Pouzzoles,
« fut déclaré contumace, et condamné au bannissement et à 2000 onces
« d'amende (30 décembre 1310). Ses biens furent confisqués. B. Si-
« ginulfo se réfugia en Sicile auprès du roi Frédéric et mourut
« vers 1316 ». (⁴).

Dans le prologue cité plus haut, il est qualifié de comte de
Caserte et de grand chambellan du royaume. Il faut donc que la
traduction des lettres de Sénèque lui ait été présentée entre le 30 sep-

(¹) L. CADIER, *Essai sur l'administration du royaume de Sicile sous
Charles Iᵉʳ et Charles II d'Anjou* (1891, *Bibliothèque des Ecoles françaises
d'Athènes et de Rome*, fasc. LIX), pp. 189 et 192.
(²) L. Cadier, p. 192.
(³) L. Cadier, pp. 223-4.
(⁴) L. Cadier, p. 224.

tembre 1308, jour où il obtint le comté de Caserte (¹) et décembre 1310, époque de sa disgrace. Le fait qu'il est qualifié de grand chambellan et non de grand chambrier n'a pas d'importance : il était en fait grand chambellan à l'époque où l'office de grand chambrier, momentanément supprimé en 1300, avait été rétabli pour lui en 1302 (²). Il est probable qu'on le désignait indifféremment sous l'un ou l'autre de ces titres.

Il ne sera pas inopportun de transcrire ici le prologue et les premières lignes de cette version. Nous en avons deux mss., l'un à Paris, l'autre à Londres, tout à fait pareils (³). Je fais usage du ms. de Paris.

Seneques fu un sages hons, disciples d'un phylosofe qui ot a num Photion, de la secte des stociens, qui disoit que vertu est soverain bien et que nul ne puet estre beneürés sans vertu. Et neporquant il met sovent entre ses dis les sentences d'un phylosofe qui ot num Epycurus, qui disoit que delit estoit soverain bien, ensint totevoies que ce tornast a honeste. Et si fu ciz Epicurus hons de trés grant abstinence, et le plus de sa vie ne menjoit que pain et eve et herbes crues. Ciz Seneques fu nez d'Espaigne, d'une cité qui s'apele Cordube, et fu onclez de Lucain le poëte, et fu home de haute letreüre et de grant abstinence, et mestres de Neron le cruel empereor de Rome, qui le fist ocirre. Cil avoit un trés chier ami qui avoit a num Lucille, qui fu nez d'une contrée qui lors s'appeloit Champaigne, qui maintenant est appelée terre de Labour, d'une cité qui a num Pompeii, seant assés près de Naples, laquele abissa, si comme Seneques meïsmes le raconte ou livre des Questions natureles. Ciz Lucille estoit procureor du senat et du pueple de Rome en l'isle de Secile, a cui Seneques transmist pluseurs epistres plaines de bons ensengnemens, lesqueles s'ensivent ci desous, translatées de latin en françois. Et por ce que cil qui les translata ne fu pas de la langue françoise ne de si haut enging ne de si parfonde science come a la matiere afiert, il s'escuse a tous ceulz qui l'uevre verront, que il ne le blasment, se il a failli en aucune part de la proprieté de la langue ou aus sentences de l'aucteur, et leur prie humblement que, par leur bonté et par leur franchise l'en vueillent corrigier et amender en l'un et en l'autre, car il confesse bien que ce fu trop grant presumption d'emprendre si haute chose a translater. Mès il ne le fist pas de son gré, car misire Bartholomy Singnilerfe de Naples, conte de Caserte et grant chambellenc du roiaume de Cezile, l'en pria et li commanda. Et por ce que il le tenoit a son seignor, il ne l'osa refuser, ains emprist a fere chose contre son pooir et contre sa force.

En tête de chacune des lettres est placé un court argument suivi des premiers mots du latin. Ainsi pour la première lettre :

(¹) L. Cadier, p. 224, n. 7.
(²) Paris, Bibl. nat. fr. 12235 (cf. P. Paris, *Manuscrits françois*, III, 305); Musée britannique, Addit. 15434.
(³) L. Cadier, p. 224.

Que l'en doit recuillir et retenir la fin du tens, et que oil n'est pas povres a cui poi de chose soufit, et que l'en doit le tens dilijaument garder, lequel se pert et . iij . manieres

Ita fac, mi Lucilli, etc.

Ensi fai, mon ami Lucille: recuevre toi a toi meïsmes et recueill et garde le tens qui ça en arrieres t'estoit tolu ou emblé ou te eschapoit par ta folie, et croi moi que il est ensint comme je t'escri: aucun tens nos est tolu, aucun tens nos est emblé, aucun nos eschape, mès seur tous est honteus le domage du tens que nos perdons par nostre negligence...

Il est intéressant de remarquer que cette traduction des lettres de Sénèque fut, au XV⁰ siècle, traduite en catalan (¹). Nous ne savons

ni en quelles circonstances ni en quel lieu ce travail fut exécuté; fut-ce en Italie, après l'établissement des Aragonais dans le royaume de Naples? Est-ce dans le royame de Valence, où quelque exemplaire de la version faite pour Bartolomeo Siginulfo peut avoir été porté? Nous l'ignorons. Toujours est-il que, à partir de l'occupation du royaume de Naples par Alphonse d'Aragon, la connaissance du français et de sa littérature dut baisser singulièrement. La riche bibliothèque formée par Alphonse Iᵉʳ et ses successeurs Ferdinand Iᵉʳ et Alphonse II nous est bien connue. Elle a été l'objet de recherches approfondies, et beaucoup des livres qui s'y trouvaient nous ont été conservés (²): on n'y voit pas figurer de manuscrits français.

14. En Piémont l'usage du français a commencé dans de tout autres conditions que dans le reste de la Haute Italie et s'est continué beaucoup plus tard. En Lombardie, en Vénétie, en Emilie, le français a été porté par influence littéraire. A Naples, il s'établit avec une dynastie française, donc par immigration. En Piémont il se propage lentement, à titre d'idiome littéraire, absolument comme en Dauphiné et en Savoie. Le Piémont, à cet égard, est comme un prolonge-

---

(¹) « Lo libre de Seneca, de les epistoles que el trames a Lucill, transladades de lati en frances e puys de frances en cathala ». Bibl. nat., n° 82 du *Catalogue des manuscrits espagnols* de M. MOREL-FATIO.

(²) L. DELISLE, *Le cabinet des manuscrits de la Bibliothèque impériale*, I, 217; III, 357. — MAZZATINTI, *La Biblioteca dei re d'Aragona in Napoli*, 1897. — PERCOPO, *Rassegna critica della letteratura italiana*, 1897, II, 120. — OMONT, *La Bibliothèque d'Angilberto del Balzo, duc de Nardo et comte d'Ugento, au royaume de Naples*, dans la *Bibl. de l'Ecole des chartes*, t. LXII. — Certains mss. des rois Aragonais de Naples sont passés à la Bibliothèque de Valence où je les ai vus jadis: aucun n'est français.

ment de la France, et si l'établissement du français n'y a pas été définitif, sauf en quelques vallées des Alpes, c'est qu'il a eu à subir, à partir du XVe siècle, la concurrence du toscan. L'histoire de la concurrence (car il y eut concurrence et non pas lutte) du français et du toscan dans la vallée du Po et dans les vallées adjacentes. serait un bien intéressant sujet d'études, si on voulait la poursuivre jusqu'à notre époque. On verrait que le pays qui, au milieu du XIXe siècle, fut proprement le fondement de l'unité italienne, a été de toutes les régions de l'Italie celle qui, dans l'usage littéraire comme dans l'usage courant, résista le plus longtemps à la poussée du toscan. Même à l'époque présente on ne peut pas dire que la résistance ait cessé partout, puisque la vallée d'Aoste était, il y a peu d'années, officiellement de langue française et l'est encore de fait actuellement.

Je n'ai pas l'intention de traiter ce sujet, qui demanderait tout un livre. Outre que beaucoup de documents me feraient défaut, je désire, comme dans les parties précédentes de ce mémoire, limiter mes observations à la période du moyen-âge. Or il se trouve que, pour cette période, les informations dont nous disposons sont fort rares. Je serai donc forcément très bref.

Le Piémont fut, durant le moyen-âge, une terre stérile pour la littérature vulgaire. Celle-ci n'y apparaît guère que vers le XVe siècle, et elle ne jaillit pas du sol: elle vient de France et de Toscane. Le Piémont est le terrain où le français et le toscan se rencontrent, et coexistent longtemps sur un pied d'égalité, le français ayant décidément l'avantage dans les hautes vallées. Le dialecte local n'entre pas en ligne de compte. On ne l'écrit pas, ou du moins on l'écrit si peu que son rôle, dans l'usage soit littéraire soit administratif, est à peu près nul. On cite comme une grande curiosité les statuts de l'hospice de Chieri, datés de 1321, qui, signalés en 1783 par Maurice Pipino dans sa grammaire piémontaise, furent publiés en entier par L. Cibrario dans le second volume de son histoire de Chieri (1827). Mais la date de 1321 est celle de l'original qui était fort probablement en latin, et il ne paraît pas probable que la traduction soit antérieure au XVe siècle. Plus intéressant, parce que la date en est plus sûre, est le court poème (24 vers) en assonnances sur la prise de Pancalieri ([1]). Enfin, comme *testo di lingua* on peut mettre au premier rang une

---

([1]) Plusieurs fois publié, en dernier lieu, par le baron de SAINT-PIERRE, *Arch. stor. ital.*, 4e série, II (1878), 379, et par le comte NIGRA, *Romania*, XIII, 416; cf. XIV, 135.

sentence assez longue (elle occupe dans l'imprimé une centaine de lignes) datée de 1446, et publiée par le surintendant des archives piémontaises, baron de Saint-Pierre (¹). L'emploi de la langue vulgaire dans un document de ce genre, est bien exceptionnel, l'usage constant, jusqu'à une époque avancée du XVIe siècle, étant de rédiger en latin les actes judiciaires. Vient ensuite dans l'ordre des temps une « lamentation » sur la passion du Christ, en quatrains de vers décasyllabiques, forme visiblement l'origine française, conservée dans une copie de l'an 1517, à Chieri (²). Au XVIe siècle et au XVIIIe les documents littéraires vont se multipliant, mais ce n'est guère qu'au XIXe que la littérature dialectale prend en Piémont un développement de quelque importance (³).

L'influence toscane se manifeste dès les dernières années du XIVe siècle par des *Laudi*, composées en toscan imprégné de piémontais (⁴). A la fin du XVe, la *Passione di Gesù Cristo*, jouée à Revello, dans le marquisat de Saluces (⁵), et écrite en un italien où les formes du piémontais font de fréquentes apparitions, atteste le progrès du toscan, puisqu'on pouvait employer cette langue dans des représentations destinées au peuple. Mais il faut ici se garder de conclusions exagerées, car, d'une part, ce mystère, envisagé au point de vue de la composition, a tout à fait le caractère français, comme l'a montré G. Paris (⁶), et d'autre part l'auteur, qui n'était sans doute pas originaire du marquisat de Saluces (car il eût écrit en français), avoue lui-même que la langue dont il se sert est « da noi poco usitata », et il s'excuse pour les incorrections qu'il a pu laisser échapper (⁷).

(¹) *Arch. stor. ital.*, vol. cité, p. 380-2.

(²) C. SALVIONI, *Lamentazione metrica sulla passione di N. S., in antico dialetto pedemontano*, Torino, tip. Vinc. Bona. *Nel 25° anniversario cattedratico di G. I. Ascoli*, 25 nov. 1886.

(³) Voir entre autres ouvrages qu'on pourrait citer, DELFINO ORSI, *Il teatro in dialetto piemontese*, Milano, 1890.

(⁴) D. ORSI, ouvrage cité, p. 10 e suiv.

(⁵) *La Passione di Gesù Cristo, rappresentazione sacra in Piemonte nel sec. XV*, edita da V. Promis, Torino, 1888.

(⁶) *Journal des savants*, 1888, p. 522.

(⁷) Vers 2373 et suiv. Sur la langue de cette Passion, qui n'est certainement pas le pur toscan, on peut voir les observations de M. d'ANCONA, *Giorn. stor. della lett. ital.*, XIV, 180. — Je sais bien qu'on invoque, pour appuyer l'idée que l'italien aurait pénétré dès la seconde moitié du XVe siècle dans le marquisat de Saluces, le commentaire de la Divine Comédie publié (par Promis et Negroni, 1886) sous le nom de Stefano Talice, natif de Ricaldone (province d'Acqui), qui serait le ré-

D'ailleurs on sait bien que des représentations dramatiques en français eurent lieu en certaines parties du Piémont, notamment dans les vallées alpines, pendant le XVIe siècle et même jusqu'au commencement du XIXe (¹). Il ne pouvait guère en être autrement, si on considère combien les représentations de ce genre ont été fréquentes en Dauphiné et en Savoie au XVe siècle et au XVIe.

En dehors des mystères, on n'a guère de témoignages sur la propagation de la littérature française en Piémont, ni sur l'usage de composer en français. Les princes de la maison de Savoie avaient une riche collection de manuscrits français dont nous avons des inventaires depuis 1479 (²) et dont beaucoup sont conservés à Turin (³), mais ces livres avaient été, pour la plupart, recueillis en France. Parmi les nombreux manuscrits français que j'ai vus à la Bibliothèque nationale de Turin, je ne me souviens pas d'en avoir remarqué aucun qui ait été fait en Piémont. Mais cela ne veut pas dire qu'il n'y en ait pas.

D'ouvrages français que l'on sache pertinemment avoir été composés en Piémont pendant le moyen-âge, il n'y en a guère, mais n'oublions pas qu'on en pourrait dire autant de la Savoie, du Dauphiné et d'autres provinces encore où indubitablement la langue littéraire et, jusqu'à un certain point officielle, a été, dès le XVe siècle, le français. En Piémont pourtant nous trouvons le poème, d'environ 700 vers, sur la bataille de Gamenario (1345), composé, selon toute apparence, à

---

sultat de lectures sur Dante faites à Lagnasco, dans la province de Saluces. Mais la question est précisément de savoir si Stefano Talice est bien l'auteur de ce commentaire. Il semble probable qu'il n'en ait été que le copiste. Voir sur ce point les travaux cités dans le *Giorn. stor. della lett. ital.*, XXI, 462.

(¹) Voir l'appendice (p. 225 et suiv.) de la publication, par M. R. RENIER, du *Gelindo*, drame mi-parti de piémontais et de toscan (Il *Gelindo*, dramma sacro piemontese della Natività di Cristo, edito con illustrazioni linguistiche e letterarie da Rod. Renier. Segue un'appendice sulle reliquie del dramma sacro in Piemonte. Torino, 1896). — Je ne sais si la farce française des trois commères que j'ai publiée en 1881 d'après un ms. de Turin (*Romania*, X, 533) a été composée en Piémont, je la crois plutôt d'origine savoyarde ou dauphinoise, mais il est certain que le manuscrit dans lequel elle a pris place à la fin du XVe siècle a été exécuté dans la Haute Italie.

(²) Voir l'inventaire (1479-1482) des livres et objets précieux conservés à Moncalieri, publié par le Baron DE SAINT-PIERRE, dans la *Miscellanea di storia italiana*, 2e série, t. VII, et les inventaires des châteaux de Chambéry, Turin et Pont-d'Ain, publiés par M. P. VAYRA dans le même volume. Cf. F. GABOTTO, *Lo stato Sabaudo da Amedeo VIII ad Emmanuele Filiberto*, III, 240 et suiv.

(³) Il serait malheureusement plus exact de dire « *étaient* conservés », depuis le funeste incendie de la Bibliothèque nationale de Turin.

Montferrat, aussitôt après les événements qui y sont relatés (¹). La langue en est généralement correcte, sauf quelques rimes qui n'auraient sans doute pas été admises par un français. A la fin du XIVᵉ siècle, exactement en 1395 (²), fut écrit à Turin un roman qui, malgré tous ses défauts, mérite d'occuper une place importante dans la littérature française, le *Chevalier errant*, partie en vers et partie en prose.

Ce n'est qu'à partir de 1577 que l'italien reçut en Piémont une sorte de consécration officielle. Voici en quelles circonstances. En 1560, le duc Emmanuel Philibert, dans un édit confirmant l'érection du sénat de Savoie, ordonna que « tant en nostre dit sénat de Savoye qu'en « tous autres tribunaux et jurisdictions de nos pays, tous procès et « procédures, enquestes, sentences et arrests, en toutes matieres civiles « et criminelles, seront faittes et prononcées en langage vulgaire et le « plus clairement que faire se pourra » (³). Par le « langage vulgaire », il faut ici entendre le français. En 1577, dans un édit rédigé en italien, Emmanuel Philibert reproduit les mêmes dispositions : « Ancora « che, doppo la felice restitutione de' nostri stati, havessimo ordinato « per editto publico et perpetuo che tutti li processi si dovessero fare « in lingua volgare, accioche le parti potessero intendere ogni cosa et « ridur'a memoria li loro avvocati et procuratori, se facevano alcuna « omissione nelle narrationi del fatto, nondimeno siamo informati che « li avvocati et procuratori, litigando, in voce narrano il fatto princi- « pale et il sopra piu de li processi in lingua latina, il che è stato « et è contra la mente et l'intentione nostra .... imperò c'è parso « di stabilire et ordinare ... che d'hor'inanti tutti li avvocati et pro- « curatori, li quali litigaranno si avanti il senato et camera de' conti « come avanti li prefetti, giudici ordinarii et d'appellatione o delegati « et arbitri, haveranno da esplicarsi, tanto in voce come in scritto, in « lingua volgare, massime nelle narrationi del fatto, senza tramezzarvi « parole latine, eccetto nelle allegationi de dottori et recitationi delle « leggi, sotto pena a chi contraverrà di scuti cinque cento per ogni « uno et ogni volta che contrafarà, applicabili al nostro fisco » (⁴).

(¹) Ce poème est inséré, à sa date, dans l'Histoire de Montferrat par Ben- venuto di S. Georgio, MURATORI, *Scriptores rer. Ital.*, XXIII, 448 et suiv. Réédité à part dans les *Atti della Società ligure di storia patria*, 2ᵉ série, t. XVII, 1886.

(²) N. JORGA, *Thomas III, marquis de Saluces*, 1893, p. 83; cf. GABOTTO, *Giorn. stor. della lett. ital.*, XXIV, 282-3.

(³) Nice, 11 février 1560 (anc. st.). Turin, Archivio di Stato, *Materie giu- ridiche*, mazzo 1, n°. 2 (Senato di Savoia).

(⁴) Turin, 5 décembre 1577. Archivio di Stato, *Editti*, mazzo 3, n° 37. Exemplaire imprimé.

La « lingua volgare » n'est pas spécifiée, non plus que dans l'édit en français de 1560, mais, dans la plus grande partie du Piémont, on entendit qu'il s'agissait de l'italien (toscan), qui dès lors devint langue officielle, sauf dans les hautes vallées (¹). Les édits précités n'avaient en vue que les actes judiciaires, mais on leur donna peu à peu une extension plus grande. La même conséquence s'était produite en France à la suite de l'édit de Villers-Cotteret (1539) qui contient une disposition en faveur de l'emploi du français dans les cours de justice : dès l'année suivante on vit en plusieurs provinces (notamment en Dauphiné) le français se substituer au latin pour la rédaction de documents qui n'avaient nullement le caractère judiciaire.

Mais, si, à partir de 1577 environ, l'italien est devenu la langue administrative de la capitale et de la presque totalité du Piémont, le français est resté beaucoup plus tard la langue de la société. Il y a cinquante ans on parlait au moins autant français qu'italien à Turin — à vrai dire, même dans les hautes classes, on parlait surtout piémontais — et les *Autografi dei principi sovrani della Casa di Savoia* (1248-1859), publiés par P. Vayra (²), qui se terminent par une lettre en français de Victor-Emmanuel à Cavour, ne contiennent que trois lettres en italien (1574, 1610, 1631). Les mémoires de l'Académie des sciences de Turin renferment, jusque vers le milieu du XIXᵉ siècle, mais surtout au XVIIIᵉ, une assez forte proportion de mémoires français. Ceux mêmes qui aspiraient à l'unité de l'Italie ne se croyaient

---

(¹) Pour la persistance de l'usage du français dans les vallées, on peut voir H. GAIDOZ, *Les vallées françaises du Piémont* (*Annales de l'Ecole libre des sciences politiques*, année 1887, cf. mes observations dans la *Romania*, XVI, 632); et PAUL MELON, *Le français dans les vallées vaudoises du Piémont* (*Revue chrétienne*, 1900. — Dans la vallée de la Dora Riparia (Cezanne, Oulx, etc.), le français est resté langue officielle jusqu'en 1860. Je suppose bien que les conseillers municipaux, délibéraient, comme ils le font encore maintenant, en patois, mais les registres étaient rédigés en français. On sait que cette vallée, dans sa partie haute, a fait partie du Dauphiné jusqu'en 1713, époque où elle fut échangée avec le roi de Sardaigne pour la vallée de Barcelonnette. Le Val d'Aoste a résisté plus longtemps (jusqu'en 1882), à l'intrusion de l'italien, et il y a déployé une grande énergie. Voir la brochure du chanoine BÉRARD († 8 février 1889), intitulée *La langue française dans le Val d'Aoste. Réponse à M. le chevalier Vegezzi-Ruscalla*, Aoste, impr. Liboz, 1862; PAUL MELON, *Le français dans la Vallée d'Aoste, attachement des Valdôtains à leur langue maternelle* (*Nouvelle Revue*, 1901). Il existe une carte du département du Po, dressée en 1807, où sont marquées d'un signe spécial les communes de langue française. Ce sont les communes de la partie occidentale des arrondissements de Suse et de Pignerol.

(²) Fratelli Bocca, Roma, Torino, Firenze, 1883.

pas obligés de préférer l'italien au français. Ce n'est guère que depuis une cinquantaine d'années que, reprenant inconsciemment l'idée de Dante, on a commencé à considérer la langue comme le signe de la nationalité.

Le présent mémoire n'a nullement prétention d'épuiser un sujet dont on est encore loin d'avoir réuni tous les éléments. Mon but principal a été de grouper méthodiquement les faits connus, et de tracer un cadre dans lequel viendront se classer de nouveaux témoignages, de nouveaux matériaux, que des recherches ultérieures ne manqueront pas de faire apparaître à la lumière.